字燭照未来

TopBook

杜甫传

[日]川合康三 / 著

杨昆鹏 / 译

陕西新华出版 陕西人民出版社

图书在版编目（CIP）数据

杜甫传/（日）川合康三著；杨昆鹏译. -- 西安：陕西人民出版社, 2025.2. -- ISBN 978-7-224-15465-8

Ⅰ.K825.6

中国国家版本馆 CIP 数据核字第 2024UC4166 号

著作权合同登记号：25-2025-056

TOHO

by Kozo Kawai

© 2012 by Kozo Kawai

Originally published in 2012 by Iwanami Shoten, Publishers, Tokyo.

This simplified Chinese edition published 2025

by Shaanxi People's Publishing House, Shaanxi

by arrangement with Iwanami Shoten, Publishers, Tokyo

杜甫传
DU FU ZHUAN

作　　者	[日]川合康三
译　　者	杨昆鹏
出版发行	陕西人民出版社
	（西安市北大街 147 号　邮编：710003）
印　　刷	陕西金和印务有限公司
开　　本	787 毫米 × 1092 毫米　1/32
印　　张	7.25
字　　数	112 千字
版　　次	2025 年 2 月第 1 版
印　　次	2025 年 2 月第 1 次印刷
书　　号	ISBN 978-7-224-15465-8
定　　价	65.00 元

如有印装质量问题，请与本社联系调换。电话：029-87205094

序言

中国的诗人里，杜甫在日本也备受尊崇。要说全套作品都被多次翻译成日文版本的，除了莎士比亚、《源氏物语》(从古代日文翻译为现代日文)外，也就数杜甫了，想不到其他人和作品。由此可知杜甫所受重视的程度。

然而，我感到上述对杜甫的接受似乎带有某种偏向。即人们所关注的，是杜甫充满苦难的人生和在苦难中坦诚生活的禀性，人们所评价的，是杜甫的人格。我则认为应该改变这种态度。因为我们的对象当是文学作品，而非作者个人。关注人物，会把作品变成单纯了解作者的材料。而我们必须面对作品本身。

只要我们把作品摆在中心位置，就可以发现很多至今没有看到的东西。杜甫是一位贪婪的表达者。他的作品与现实完全颠倒，甚至不禁让人怀疑他的生活和人生是为了诗歌创作而存在。他想要彻彻底底地表达和展现全部，直到世界尽头，乃至不可捉摸、不可见的世界。

杜甫直至晚年都曾叹息自己的诗作不能被人理解，转念想来，在二十一世纪的今天，我们对杜甫诗歌的理解又达到了何种广度和深度呢？本书便是努力接近杜甫的深奥世界的一个尝试。

川合康三

2024 年 9 月 23 日

前言

诞辰一千三百年

公元2012年是杜甫诞辰一千三百周年。更准确地说，杜甫诞生于唐睿宗景云三年正月初一，按儒略历计为712年2月12日。这一年，中国的年号更改频繁，正月十九日改太极，五月改为延和，八月玄宗即位，随之年号又改为先天元年。频频改元意味着政局不安。次岁，713年，玄宗再度将年号改为开元，自此唐王朝最繁荣的时期"开元盛世"拉开了帷幕。杜甫在国家走向隆盛的时期出生，亲历了"安史之乱"，在残局未整中逝去，一生经历了王朝的顶峰和凋敝的两个极端。

公元712年，在日本是《古事记》成书的年份。就在两年前，日本朝廷迁都平城京。杜甫的一生，相当于日本的奈良时代。在西方，因为日耳曼民族大迁徙而形成的法兰克王国版图不断扩展，其中就包含了后来的一些欧洲国家的雏形。当时也是伊斯兰民族向西方扩张势力的时期。尽管杜甫生前几乎没有什么名声，但他在770年五十九岁（本书中统一使用虚岁）去世不久之后，诗名就广为人知，到后来获得更高的评价，其影响直到今日都未有丝毫减弱。他并没有因世事变幻而受到起伏不一的褒贬，始终作为代表中国的诗人走过了一千三百多年。

"诗圣"的评价

在这一千三百年间，杜甫一直被誉为中国的代表诗人，这是因为他的文学被视作中国古典文学的典型和最正统的文学而得到接受。基于儒家理念，思考自我人生，凝视世间百态——这种"健全的"文学的理想状态，在杜甫身上得到了充分体现。反之也可以说，中国文学的特质通过杜甫得到了表面化和深入化。总之，杜甫无疑是中国诗人的典型。他被尊为"诗圣"，被赋予作为诗人所能得到的最崇高的地位，他的作品被称为"诗史"，即用诗记叙的历史。"诗史"作为表示赞赏的词语用在这里，也显示出在中国，历史比诗更受尊重。

斗转星移，以儒家思想为根基的文化在发生了重大变化之后，杜甫仍然被看作中国最伟大的诗人。不仅如此，在中国之外的文化圈，杜甫的诗也被当作杰出的文学来学习吸收。仅用中国传统文学的规范来评价杜甫是远远不够的。

苦难人生

那么到底是杜甫的什么地方超越时空吸引着读者呢？无论在任何时代、任何地方，恐怕首先打动人心的是他用诗句诉说的自我人生吧。虽说事与愿违乃人间常事，可是杜甫的人生与愿望的反差也未免太过悬殊。为了让天下变成理想中的尧舜盛世，他立志做一名官员奉献一己之力。然而这种典型的中国士大夫的梦想终究没能实现，甚至他连官场都迟迟未能踏入。后来也不知何故，他突然放弃了梦寐以求的官职，开始了寻故访友的流浪生活。因为依赖他人接济度日，在一次又一次转徙奔波的旅途中，上天赋予杜甫的生命时光被耗费殆尽。虽然他热切地盼望回归故土、回归都城，但充满讽刺意味的是，他现实中的足迹距离都城愈来愈远。他深入西南部的蜀地（四川省），从那里向东顺长江而下，途中，在洞庭湖南边的一叶孤舟之上，诗人的生命悄然落幕，甚至称之为穷途潦倒、客死他乡也不为过。那些对家人幸福和世间平安的希冀，没有一个得到如期的回报。

超越悲伤的意志

杜甫的一生境遇悲惨，然而令人惊异的是，在悲惨的人生中他从未陷入绝望，反而始终满怀希望。他终其一生都未放弃为自己和家人以及天下大众带来福祉的愿想。

沉浸于悲痛中的伤感，也应算作人类拥有的一种美好感情。杜甫的文学却与伤感无缘。他一直都在歌颂超越悲伤的强大精神力量。而且不限于杜甫，可以说这是中国古典文学历史上那些熠熠生辉的文学家们所共有的特征。我们想到陶渊明、白居易、苏轼，他们每个人都构筑了对人和人类生命的存在赋予肯定的文学。如果说文学是超越时代和地域为人们增添共鸣体验的事物，那么杜甫饱含力量和充满肯定的文学，在今天也是不折不扣的文学，继续吸引和打动着我们的内心。或许杜甫对苦难人生的抗争和从不放弃理想的精神，才是其文学的意义之中最为重要的部分。

与世界的关联

诗歌被外界接受的方式会因时代而变化,不同的读者之间也会出现差异。我感兴趣的是杜甫如何与他周围的外界发生关联,并如何用语言将这种关联表达出来。中国古典文学里一首诗中的感性和表现手法,对传统的沿袭优先于诗人个性的展露。但在杜甫的诗作中,我们可以看到他对世界独到的把握和理解,而这些在中国诗歌的构架中并没有先例。每当接触到这些诗句,我都不禁这样想:如果能够如此紧密和深入地面对这个世界,哪怕只是一个瞬间,就不枉此生。那些瞬间是与他的现实人生具有同等价值的意义重大的瞬间。

未知的领域

在如何面对和把握世界的态度上,传统文人与杜甫之间存在明显差异。前者把整个世界都纳入认知范围并以稳定的形式展示出来。与此相比,在杜甫看来,已认知部分的前方尽是茫然一片无从把握的世界。对他来说，这个世界并非既成事实，而是朝向昏暗的未知领域不断延伸，那里必然伴有不安和恐惧。杜甫心怀畏惧地与此未知领域对峙和抗争。杜甫的诗歌中所提示的这种未知领域，和要与未知领域相抗争的主体即杜甫，在二十一世纪的今天更加值得瞩目。

有一些领域，我们不能完全把握却又魅力十足，这也同样适用于我们对诗人杜甫的把握和理解。杜甫绝非那种可以既轻而易举又完整无缺地归入既有概念的诗人，他永远都有令人难以捉摸的部分。毫无疑问，这也正是诗人杜甫恒久以来连续存在的证据。今天的我们对于这位遥不可及的诗人究竟可以接近到何种程度？本书就是一个尝试。

目录

第一章 漫游诸国	第一节 杜甫的出身 / 003
	第二节 童年时代 / 009
	第三节 向南方去，向东方去 / 017
	第四节 与李白的交游 / 029

第二章 立志官途	第一节 苦心求官时期 / 047
	第二节 目光转向社会的不公 / 051
	第三节 就任官职 / 067
	第四节 调任与辞职 / 086

第三章 漂泊的旅行生活——入蜀之前	第一节 边境之城秦州 / 097
	第二节 从秦州到同谷 / 107
	第三节 同谷亦非乐土 / 114
	第四节 翻越剑阁 / 119

第四章 成都岁月	第一节 在蜀地的日子 /129
	第二节 近物情 /137
	第三节 自谑与诙谐 /142
	第四节 为花而狂 /151

第五章 再启漂泊之旅 ——顺长江而下	第一节 下长江——从成都赴夔州 /161
	第二节 夔州日夜 /171
	第三节 最后的流浪 /191

终章 评价的变迁与文学特色	第一节 评价的历史 /203
	第二节 杜甫的文学 /212

附录 杜甫年谱 /216

后记 /218

第一章 漫游诸国

第一节

杜甫的出身

籍贯的意义

"杜甫，字子美，本襄阳人，后徙河南巩县。"就像正史杜甫传（《旧唐书·文苑下》）的开篇所写，中国的人物传记通常都是从姓、名、籍贯的顺序开始写起。姓名之后是字，字比名的使用频率更高。以名称呼有失于礼，因此只限于双亲、长辈和本人自称。此外或许由于中国的姓氏数量较少，单字名又偏多，这就需要以字作为别名以便区分。

姓、名、表字之后会注明"某省某地人"。但这并不代表准确的出生地，而是籍贯即祖辈世代居住的原籍，与本人实际在何处出生无关。籍贯也意味着家族世代墓葬的所在。

人物介绍的基本信息中必然包含籍贯，显示出中国人身份认同观念的构成。人不是作为个体单独存在的，要把个体放在家族谱系中把握。要确定一个人物，其家族谱系是必不可少的要素。当然这里也大多伴随炫耀门第的性质，因此回避真实籍贯而用同姓名门的籍贯，即所谓的"郡望"以自称的情形也很多。例如韩愈原本是河南南阳人，却时常称自己是"昌黎韩愈"，其文集也叫作《韩昌黎集》，因为昌黎是韩氏的郡望。

杜陵野老

杜甫为了显示自己出身名门杜氏，经常在称呼前冠以"杜陵"或"少陵"二字。"杜陵"位于长安南郊，是汉宣帝陵寝所在地。"少陵"是许皇后的陵墓，位于宣帝陵一侧。因规模比杜陵小，故名少陵。在汉代，朝廷曾命显贵望族迁居杜陵，从此杜陵就成了名门大族的居住地，因而声名显赫。杜甫在赠给同族晚辈的诗中曾写道"名家莫出杜陵人"（《季夏送乡弟韶陪黄门从叔朝谒》），由此也可得知杜陵系名门居住之地。

然而，杜甫每每言及自身的时候，从不单独使用"杜陵"，总是刻意用"布衣""野客""野老""老翁"这些贬低自己身份的词汇加以组合。例如"杜陵有布衣""杜陵野客""杜陵野老""杜陵老翁"，又如"少陵野老"，等等。这里包含着名门出身的自负和对落魄现实的悲叹两个相反因素，语气中伴随着一种曾经显贵而今日却没落至此的自嘲。老残之身欲借往昔的门第来勉强撑起些许骄傲，然而如果念起杜陵望族，则恰恰反衬出当下的零落。自负与自卑的矛盾与对抗，是杜甫毕生自我认识的基调。

两位文武双全的祖先

西晋的杜预是杜甫的十三世祖先。杜预不仅是三国时讨伐吴国战功卓越的武将，而且是位经学家，为《春秋左氏传》著有《春秋左氏经传集解》。此书到今天都是《左传》最重要的注本。他曾对皇帝说"臣有《左传》癖"的逸事也广为人知。

相比杜预，与杜甫相距较近的是其祖父，即初唐文人杜审言。杜审言身处宫廷诗坛却诗风清新，与李峤、崔融、苏味道并称"文章四友"。虽说他在官场上有起有落,但也得到了还算不错的官位。在杜甫的有生之年,估计杜审言的名字要比他的名字响亮很多。杜甫以这位祖父为骄傲,曾在诗中说"吾祖诗冠古"(《赠蜀僧闾丘师兄》)、"诗是吾家事"(《宗武生日》)。

关于杜审言,很多逸闻传说都显示出其恃才傲物的性格。比如他曾经放言说,论文章,屈原、宋玉都在自己之下;论书法,连王羲之都只配给自己做徒弟,等等。屈原和宋玉都是战国时代的文人,他们的作品收录在《楚辞》中,而《楚辞》的文学评价仅次于《诗经》。东晋的王羲之,自从受到唐太宗的赞赏,就被视为最杰出的书法家。杜审言对这些人物都显出轻蔑的态度。

杜审言的临终之言也颇能体现出他倔强而刚烈的性格。友人来探视,询问病情如何,他说"甚为造化小儿相苦"(《新唐书·文艺上》)——被造物主这小子折腾得够呛。他不仅对人是傲视群雄,就连对上天也毫不畏惧。

身为堂堂武人的杜预自然毋庸置疑,通过上述逸事我们可以看出文人杜审言也绝不是软弱之辈。杜甫既然能把这两位作为自己的先祖举出来,就不会没有意识到他们耿直刚烈的性格。杜甫的两个儿子分别叫作"宗文"和"宗武",足见他有文才武略两者并重的意识。

尽管先祖的赫赫名声对于杜甫如何谋生来说没有什么现实意义,但是杜甫始终以此为荣的意义非同小可。他们是境遇惨淡的杜甫在族谱中好不容易找到的可以勉强引以为豪的精神寄托。杜甫在想到自己一生到头来除了作诗以外别无所长而心情沉郁的时候,就会想起杜审言来安慰自己。

生于没落士族

杜氏原本是"京兆杜陵"人,十代祖先杜逊在晋朝南迁时来到襄阳(湖北省襄阳市),因而被称作"襄阳人"。之后曾祖父杜依芸迁往巩县(河南省巩义市),杜甫也是在那里出生的。杜甫的父亲杜闲只做过州司马(从官)和县令(长官)之类辗转各地的官员,从未有过出仕朝廷的履历。到了其父亲这一代,名门的气息已消失殆尽。

杜甫生活的盛唐之年,科举制度还没有充分发挥作用。如果没有亲族在朝中身居高位,仅凭一己之力要攀上朝廷官阶是难上加难。到了盛唐之后的中唐时代,即使像韩愈、白居易、元稹这些出身中下级士族的学子，也可以通过科举而跻身枢要地位。韩愈和白居易距宰相之位仅一步之遥，元稹曾出任宰相。是不是可以说杜甫出生得稍微早了一些，有些生不逢时？然而，即使他身处一个寒门（下层士族）亦可出显贵的时代，我们还是无法想象出一个位高权重的杜甫形象。

杜甫和当时每一个士大夫一样，祈愿能在官场获得一官半职参与政事。但在那个时代，愿望能否实现，都是在本人力不能及的地方被决定的。自己并不能选择出生在何种家庭，生于这种程度的家庭就指望不上出人头地。杜甫因生于这样一个时代而挣扎并困苦，然而正是因为与之持续不断地抗争，才有了今天的杜甫。不得不说，正是这种抗争使杜甫成了杜甫。

然而如果换个角度来说，不曾受惠于家门的恩泽，也意味着无须顾忌家族和世间的羁绊。新文学的缔造者往往并非出身当代的显贵门第，造成这个现象的原因，或许在于寒门才具有的自由与活力。

第二节

童年时代

早年的记录

一般来说,中国的诗人对其早期的作品都不甚重视,这与中国古典诗歌的性质本身有关。西欧近代诗歌,尤其是浪漫派,似乎把青年时期看作艺术水准的巅峰,因为诗来自灵感与想象力。中国的诗歌与诗人现实中的人生经历密不可分,而且被认为随着诗人年龄增长会越发成熟和深刻。在中国,英年早逝的诗人寥寥无几。说起在二十多岁就亡故的著名诗人,我们只能想到二十八岁时溺亡的初唐王勃和二十七岁时病故的中唐李贺。他们在短暂的人生中燃烧才华,溘然而逝,显得极为特殊。

杜甫三十岁之前的作品几乎没有存留，那是因为杜甫本人没有保留，所以我们缺乏了解早年的杜甫的材料。值得庆幸的是，杜甫留下了一系列回顾自身来历的作品，即五十五岁滞留夔州时期的《夔府书怀》《往在》《遣怀》《昔游》《壮游》等。

诗人回顾过往人生并将其写在诗中，那么他的诗就堪称自传。在杜甫之前，几乎没有诗人用长篇诗歌记录自己的人生。杜甫的"自传诗"不仅是一个划时代的尝试，而且作为自传也具有性质上的转变。西欧的自传，以自我时间轴上的变化为撰写动机和内容。与之相比，中国的自传类文字主要着墨于自己与周围人物的境遇差异，这是中国的自传在类型上区别于西欧自传的基本特质。然而杜甫的一系列"自传诗"记录了自身随时间推移所发生的变化，所以显得格外特殊（川合康三《中国的自传文学》）。

才华横溢的少年诗人

长诗《壮游》全篇一百一十二句，从少年诗人才气焕发的十几岁起笔，写到当下壮志未酬漂泊他乡的老残之身，最后在两个形象的对比中结束，实为一篇记录自身变化的自传诗。比如结尾部分这样写道：

> 小臣议论绝，老病客殊方。
> 郁郁苦不展，羽翮困低昂。
> 秋风动哀壑，碧蕙捐微芳。

诗人先回忆曾经在左拾遗任上参与朝堂议事的短暂经历，再抒发如今踯躅于夔州僻地的身心郁闷。与眼下光景形成鲜明对比的是自己的孩提时代。诗从下面的描写开始：

> 往者十四五，出游翰墨场。
> 斯文崔魏徒，以我似班扬。
> 七龄思即壮，开口咏凤皇。
> 九龄书大字，有作成一囊。
> 性豪业嗜酒，嫉恶怀刚肠。
> 脱落小时辈，结交皆老苍。
> 饮酣视八极，俗物多茫茫。

从十四五岁时就出入文墨场，被崔氏、魏氏称赞为班固、扬雄再世。幼年老成，年仅七岁就出口成章《咏凤皇》。九岁写大字，诗作装满诗囊。心性豪迈喜饮，嫉恶如仇又直爽。不屑与同辈人厮混，交往的都是有名望的老者。酒醉时欲极目于世界尽头，全然无顾凡间俗物。

扬雄与班固

这里被用来比较和称赞少年杜甫的扬雄与班固，两人都是中国文学史上威名赫赫的重要人物。西汉末年的扬雄起初作为文学家，因擅长当时的代表性文体辞赋而名声卓著，后来意识到文学创作的局限性而转变为思想家。扬雄由于曾经参与推翻西汉的王莽政权而在宋代以后受到批判，但在唐代还是享有很高的评价，杜甫在其诗中也屡屡提及。东汉时班固首先作为《汉书》的作者为人所熟知，杜甫这首诗则强调了其作为文学家的方面。通过列举辞赋——汉代的代表性文学体裁——的两位杰出作家来赞扬少年杜甫的文学水平，这种把评价标准设定在过去的评价方式是古典时代的特征。

根据杜甫自注我们可以了解到，诗中称赞杜甫的"崔魏之徒"名为崔尚与魏启心，而这两位是何人物并不见经传。他们应该是杜甫所属文学集团的领袖，然而像他们一样，有无数的文人和文人集团都消逝于历史的风尘之中。

人生乃失去的过程

开篇十四句为我们刻画的才气迸发的少年诗人，与我们熟知的那位总是沉重叹息的年老杜甫，形象差距实在过于悬殊，我们很难将二者联系在一起。强装老成进出文坛，与列位文人平起平坐；蔑视凡庸之辈，锋芒毕露而不避傲慢之嫌。这个形象让人想到兰波、中原中也的少年时代。人们在追忆和描写往昔的自己的时候，自然而然会强调其与当下的自己的差异。杜甫就是这样回望四十年前的自己。

从恃才放旷的不羁少年，到悲苦寂寞的垂暮老身，这个转变不只让杜甫本人，也令读者心生悲戚。其中不仅包含对比，而且可以窥察到诗人把生命视为一个不断失去的过程的人生观。年轻时，似乎世事变幻皆会如我所愿。无所畏惧的凌厉气势，在不知不觉中被消磨殆尽。而活着和活下去的含义却正在于此。人生的悲哀，从长诗所描述的杜甫个人的过往中传达了出来。

如果诗中所描写的神童杜甫原模原样地顺利长大成人，

就不会有现在的这个杜甫。当诗人沸腾炽热的灵魂遭遇了人生的诸多苦难，正如烧红的铁块需要经历锤锻才能增加密度转而变为重物一般，因为有了这个过程，今天的杜甫才得以诞生。

缘木少年

《壮游》一诗中所描写的十多岁时的少年杜甫颇为早熟，似乎还能看出几分早熟少年身上特有的逞强；但是在另外一首成都时期的诗作《百忧集行》当中却是不同的少年形象。

> 忆年十五心尚孩，健如黄犊走复来。
> 庭前八月梨枣熟，一日上树能千回。
> 即今倏忽已五十，坐卧只多少行立。
> 强将笑语供主人，悲见生涯百忧集。
> 入门依旧四壁空，老妻睹我颜色同。
> 痴儿不知父子礼，叫怒索饭啼门东。
>
> 回想起来十五岁那时还是小孩子的心性，像小牛犊一般窜来跑去。清秋八月庭前的梨枣成熟，为摘果子一天能爬上千回树。

转眼间已经五十岁了，总是或坐或卧而很少站立和行走。有时勉强说说笑话讨得主人欢心，然而我这一生的忧愁全都写在脸上了。屋门内依旧徒有四壁，清贫如洗，老妻看我的那张面孔和我的一模一样。年幼的孩子还不知父子之礼，在屋门东面哭闹着要饭食果腹。

"十五"岁时在树上蹿上爬下，到了"五十"岁时何谈爬树，就连站立行走都力不从心。"主人"是指在成都庇护和关照自己的人物，即使在这位主人面前卑躬屈膝强作欢颜，一旦独处，毕生的悲愁就都汇集在了脸上。司马相如与卓文君私奔后的寄寓之所也是环堵萧然，与当下的自己别无二致。妻子看我的时候，她的面孔竟然像极了我自己。杜甫滞留长安时想起身在鄜州的妻儿而创作的《月夜》中，描写的夫人在月光辉映下的身姿美丽妩媚；然而在这首诗中，妻子因长期的劳累而憔悴不堪。诗人并没有直接刻画妻子的容貌，而是以妻子看自己时的面孔变得与自己一样沧桑来进行表达。诗人的妻子无疑也惊诧于自己与丈夫容貌的相近。一对疲惫而憔悴的年老夫妇四目相望，目光中凝聚和交汇着两人共同经历的岁月和生活。

诗人把这一对疲于奔命的夫妻、不懂大人难处只会啼哭喊饿的小儿,还有他们的生活都如实地展现出来,其中还夹杂着一种苦涩的幽默。

《壮游》里才气焕然的少年,《百忧集行》中身手敏捷的爬树少年,一个早熟一个幼稚,两个形象似乎完全相反。然而如果把前者看作精神层面,后者看作肉体层面,两者都表现了散发着喷薄欲出的炽热能量的少年形象,那么上述两个少年的形象就会重叠一致。身心两方面都生机勃勃的少年,在经历人生各种苦难的过程中变成了一个沉郁老翁。不论是《壮游》还是《百忧集行》,诗人对少年时代的描写,都是为了用来与现在的老态进行对比和强调。

诗人在这里并不限于对比精神上和肉体上的年轻与年老。朝气蓬勃的少年仅凭一己之力面对世界而且没有丝毫怀疑,仿佛自己能够随心所欲地操控所有事物,一切尽在掌握之中。可是对于年老的杜甫来说,所有事物都不能如己所愿。年轻与年老的最大差别,其实在于自己与周围事物关联方式的不同。

第三节

向南方去，向东方去

青年时期的漫游

如果以《壮游》为线索追寻杜甫的足迹，我们可以知道诗人二十多岁前半段在吴（江苏省）越（浙江省）等地旅行，二十四岁时回到洛阳参加科举，应考进士科而不及，又去巡访齐（山东省）赵（河北省）等地。他似乎在三十岁时迎娶了妻子，后因在洛阳结识了李白，就与李白相伴出游再赴吴越。杜甫在三十多岁时，就已经游历了中国南方和东方的广阔区域。

诗人坚持踏上如此漫长的旅途，其目的是什么？有人说这是一种谋官活动。如果是为了谋官，正如诗人结束漫长流浪而回到的长安那样，达官显贵云集的都城岂不更加合适吗？杜甫所游览的都是与"中心"相隔千里的地区。

说到青年时期的旅行，就会令人想到汉代司马迁的南方之旅。那段亲自探访古迹的旅程，为他日后撰写《史记》打下了基础。我们还可以联想到年轻的歌德周游意大利，用自己的双眼看遍昔日文艺复兴的国度。杜甫在旅途中一定也接触了许多先唐时代的遗迹。虽然最初的目的不尽明了，但从结果来看，这段时期的旅行无疑是多年后他迎来文学巅峰的铺垫和酝酿阶段。

青春的气息

这一时期杜甫为数不多的诗歌作品具有两个特点。第一是充满了青春活力。例如《房兵曹胡马》描写拥有阿拉伯血统的骏马，《画鹰》以雄鹰的绘画为题材，把骏马和雄鹰这些动物所蕴含的力度、动感和迅猛表达得淋漓尽致。

在此我们对描写泰山的《望岳》做一赏析。《房兵曹胡马》《画鹰》所选取的题材其本质在于运动，而《望岳》的描写对象——山则是岿然不动的典型。泰山位于今天的山东省泰安市，高度不过海拔一千五百四十五米，但由于周围地势平坦开阔，使这座圆锥形的山体显得格外高峻挺拔。泰山自古以来就受到崇仰，秦皇汉武这些中国大地的统治者都曾经在这里举行祭祀天地的封禅大礼。杜甫在向东进发的旅途中，造访了位于泰山北边的兖州（山东省济宁市），杜甫的父亲时任当地的司马。

岱宗夫如何，齐鲁青未了。
造化钟神秀，阴阳割昏晓。
荡胸生层云，决眦入归鸟。
会当凌绝顶，一览众山小。

诗题《望岳》的"岳"在这里指中国名山、五岳之一的东岳泰山。杜甫以《望岳》为题的诗作除此之外还有两首，一首写西岳华山，另一首写南岳衡山。把泰山称作"岱宗"是用了《尚书·舜典》里的说法。当这座只在典籍中为人熟知的"岱宗"出现在眼前时，诗人发出"夫如何"的感叹，展现出其欣然向往的心情——现实中它到底是怎样一座山？

"齐鲁"是用春秋战国时代的国名来代指那个地区。齐在泰山以北，鲁为泰山之南。泰山平缓的山脊沿着东西走向延伸，郁郁葱葱一望无际。

如此大观只能是造物主的杰作，近乎神圣的壮美全部汇聚到此处。泰山太过雄大，以至于南侧（阳）和北侧（阴）分属一天的早晚。诗人在具象地描写泰山之雄大的同时，也暗含了泰山是阴阳交替之地的抽象意义（东汉应劭《风俗通义》）。

到了"荡胸""决眦"这两句，面对泰山的作者本人出现在诗中。最后两句引用孔子的话"登泰山而小天下"（《孟子·尽心篇》），以描绘想象中登顶之后的景观来结束全诗。作者并没有对实际攀登巅峰的过程和从山巅眺望的风景进行描写，因此给读者留下了更多的想象空间。

泰山堂堂屹立于大地之上岿然不动，诗人也从正面面对着泰山。在这座宛若世界中心的大山面前，在雄伟神圣的自然力量的震撼之下，诗人虽然内心激昂，却并不胆怯。这是一种谦虚的对峙，在自然与自我之间没有间隔，自我也没有感到不安与畏惧。这两句诗非常明确地显示出诗人年轻时与世界的关联方式，自然景观的厚重与稳固也反映出盛唐的时代精神。

细腻的审美意识

杜甫这一时期的诗歌,除了具有朝气蓬勃力量外溢的特点之外,还可以看到一些继承了六朝时代所提炼和纯化过的审美、风格细腻优美的佳作。回顾从六朝至唐代诗歌的发展,南朝上流社会的文人诗歌一味追求华丽,到了唐代,这种相较内容更热衷于修辞表达的倾向受到否定,人们主张恢复汉魏时代强悍有力的精神。盛唐的诗歌通过给南朝诗歌的形式美赋予雄浑的内容,而走向了成熟。

杜甫的《夜宴左氏庄》蕴含着属于南朝风格的高雅细腻的审美意识。这是在左姓人家别墅宴席上的一首作品,左氏为何人、地点在哪里都无从知晓,不过游历南方的回忆已经出现在诗中。

> 风林纤月落,衣露净琴张。
> 暗水流花径,春星带草堂。
> 检书烧烛短,看剑引杯长。
> 诗罢闻吴咏,扁舟意不忘。

林木含风，背后丝线般纤细的月亮逐渐沉落。衣衫上露水凝结，音质清澈的琴已经备好。昏暗处，泉水正穿过花香飘溢的小道流淌，春夜的星光轻轻笼罩着茅草屋顶的房舍。翻阅主人家藏书籍，不知不觉中蜡烛已经变短，品赏刀剑的同时缓缓举起酒杯。刚刚听完客人的诗，又听到吴地歌谣的咏唱，乘坐小船游览吴地的记忆又在心中浮现。

诗前半部分四句写庭园中的宴席。日暮时分清风吹过，树林窸窸窣窣。在树林的另一侧，一弯细月悄然西沉。随着天色渐暗，四周的空气也变得清冷。在澄澈的气氛中，琴弦已经张在琴上，演奏就要开始。——诗人描写贵人的花园，并没有着墨于花园的华美，而是着眼于它清澄的要素。"纤月"和"净琴"都是此诗之前从未出现过的词汇。说到月亮，一般都是指满月，细细的月牙从未受到关注。把诗歌词汇"清琴"改为"净琴"，增强了澄净的语感。琴弦紧绷的紧张感，也令周围的气氛变得严肃。而这些都用一个"净"字表达了出来。

第二句"衣露"句与描写地面景致的第三句"暗水"句衔接，第一句"风林"句与描写空中景致的第四句"春星"句关联。这种 ABBA 的结构，正是六朝以来的句法。暮色沉沉的庭园，泉水沿着春花绽放的小路流淌。静谧之中，仿佛可以听到淙淙涓涓的水声，花丛的暗影似乎增添了几分馥郁香气。第三句中的水和花都通过听觉和嗅觉来描写。

月亮消失后的夜空中繁星璀璨，春天的星宿仿佛带着几分温暖漫天布散，像要把草堂包裹住一般。描述草堂上夜空中星光流溢，可以说成"草堂带春星"。但在这里主语和宾语恰恰相反，即"春星"是主体，星星把草堂变成了附属物，星转物移。宏大的自然笼罩着人居住的草堂，人的生息得到自然温柔的呵护。于是这里充满了身处自然怀抱的安心之感。

诗后半部分的四句把视线转向室内。客人们鉴赏宴会主人展示的珍藏书籍和刀剑。夜入深更以至"烧烛短""引杯长"。静静地端起酒杯将美酒缓缓送入口中，似乎在悠悠地品味夜晚的时光。

在列席的诸位朗诵完各自的诗作之后，接下来由歌女演唱南方吴国的歌曲。听到这里，诗人乘着小舟在吴国旅行的记忆被唤醒。诗人沉浸于浪漫的回忆，诗也在绵绵回味中结束。

《望岳》一首暗含诗人与山岳的对峙。与之相比，这首诗给人以端庄恬静的美感，吸收了六朝文学养分的优美描写变得更加洗练。

宴会诗歌的新意

如果把这首《夜宴左氏庄》放在宴会诗歌的谱系中，也可看出杜甫独到的新意。文人在宴席上作诗的传统，始于久远的建安时代以魏曹丕为中心的"公宴"诗歌。诗中曹植与其他宾客首先表达受邀的谢意，祝愿主人长寿康乐，同时祈愿良辰美景永远持续下去。而宴会的主人曹丕则会"总结"和"忠告客人们"，欢愉时光是短暂的，盛筵终究会结束，人也终究会作古。在理应欢愉的宴席上感慨人生的无常，尽管显得有些奇怪，却正是中国宴会诗歌的模式。建安"公宴"诗中发出悲叹的只是主人一个人，而后来参加宴会的宾客无不口吐瑟瑟悲音。这种模式经过东晋王羲之的《兰亭序》，由李白的《春夜宴从弟桃李园序》继承。这几篇都被收录在历代诗文精选《古文真宝》一书中，在日本被广泛阅读。松尾芭蕉《奥之细道》的开篇就沿袭了中国宴会诗歌的这种形制，文章从述说人生的短暂和无常开始："夫天地者万物之逆旅。光阴者百代之过客。而浮生若梦，为欢几何？"

但是在杜甫的《夜宴左氏庄》里，没有悲叹人生无常的词汇。这首诗并未受到宴会诗歌传统的束缚。最后一句仅是个人回忆的叙述,对于在公开场合创作的诗来说,也算是一个特殊的例子。

多年后的宴会诗

《夜宴左氏庄》与多年后杜甫的宴会诗亦有区别。例如可以用乾元元年(758)杜甫四十七岁担任华州司功参军时的作品《九日蓝田崔氏庄》进行比较。这首诗是在崔季重(据陈贻焮《杜甫评传》)举办的重阳宴上的作品,地点位于华州(陕西省华县)附近蓝田县的崔氏别墅。

> 老去悲秋强自宽,兴来今日尽君欢。
> 羞将短发还吹帽,笑倩旁人为正冠。
> 蓝水远从千涧落,玉山高并两峰寒。
> 明年此会知谁健,醉把茱萸仔细看。

在年事愈高愈感悲戚的秋日里勉强宽慰心情,今天就随性安然地接受你的款待。华发渐稀,帽子被风吹掉令人难堪,尴尬地笑笑再请旁边的人帮自己戴好。蓝水从远方途经千百道涧溪汇聚而来，玉山双峰并列屹立，直指高空。不知明年这个雅集上还有谁会健在，酒醉之际凝视手中的茱萸。

与《夜宴左氏庄》相比，列席这个宴会的杜甫显得多么不自在。因老去而感到的悲哀，因秋天而引发的悲哀，两种悲哀交织后被进一步放大。就在这种悲愁之中，诗人决定好好享受一次难得的重阳宴。

然而一阵突如其来的风吹掉了诗人的帽子。"旁人"应该是宴会上偶然邻座的陌生人。"笑倩"一定是掩饰难堪的笑。诗人本该融入欢愉的宴席，却只变成有失体面的客人。

帽子被风吹掉的描写用了一个典故。晋朝的孟嘉在重阳宴席上被风吹落了帽子。主人桓温让孙胜作了一篇戏文以调侃孟嘉，结果孟嘉以更为诙谐洒脱的文章回应。帽子被风吹落的典故凸显了孟嘉的风流，虽然孟嘉的故事被引用到这首诗中，却被诗人用来叙述落魄失态之状和无法融入环境的拘束压抑。

在用"蓝水"和"玉山"描写蓝田山水之后，话题重新回到宴席。明年的这个宴席上，现在这些人里有谁还会健在呢——这个措辞未免有些太不礼貌了。与其说这是套用了宴会诗歌常见的感慨人生不能永续这一常见主题，不如说是多病的杜甫担心自己明年重阳节已不健在。虽然话题没有什么不自然，即使杜甫所担心的只是自己，对于崔氏和其他客人来说，这种话也不会令人愉快。

最后一句写把重阳节时插在头发上的茱萸果实拿在手里仔细看。仿佛如今身处的状况，或是活到今天的过程，自己的全部世界都凝聚在了这小小的红色果子中。事到如今，既无衰老的悲哀，亦无秋天的凄楚，或者也不觉宴席的愉悦，杜甫所面对的是超越了人世种种思绪的红色果实。

年轻时的"左氏"宴会，与年近五十岁时参加的"崔氏"宴会，同样是宴会，竟有如此悬殊的差距。包围前者的那种清澈而甜美的气氛，已经无迹可循。"左氏"宴会上依次展开的情景无一不令杜甫感到满足。诗人作为描写对象也沉浸在宴会的气氛和节拍中。诗中描绘的是一个与周围达到高度和谐的规整的世界。然而在"崔氏"的宴会上，一切都显得格格不入，似乎这首诗就是用来写作不协调的主题。只有最后一句，通过在其所凝视的茱萸果实中寻求救赎，才使此诗没有堕于乱调，也让读者看到"左氏"宴会诗里不曾达到的深度。

对于杜甫年轻时期的作品，上文分析了《望岳》和《夜宴左氏庄》两首具有不同倾向的作品。《望岳》中的饱满力度，《夜宴左氏庄》里的洗练之美，都是杜甫后来的诗作中并不突出的特点。无论是力度还是美感，两者共通的是人与世界的完美协调。这种稳定的坚实感崩溃的过程，就是杜甫诗歌的创作历程，也关系到杜甫构建他所特有的诗歌世界。

第四节

与李白的交游

相遇

在杜甫年轻时的漫游过程中，对他产生最为重要影响的事件，当数与李白的相遇。杜甫最初与李白相识是在天宝三载（744，这一时期用"载"代替"年"）的洛阳。当时杜甫三十三岁，李白四十四岁。在这之前的天宝元年（742），李白曾作为侍奉玄宗和杨贵妃的宫廷诗人而受到瞩目。但就在天宝三载这一年，他因受到宦官高力士的谗言中伤而被朝廷放逐。杜甫此时当然也是一介布衣。好不容易得到翰林供奉的职位却弃之如芥的李白与年逾三十仍无为徒食的杜甫，同为不遇之士的两人相遇了。这件事的意义非同小可。如果某一方有官位加身，那么两者之间必定会产生巨大的落差，不能排除出于实际利益的用心。双方均无官职的平民身份，为两人纯粹作为文人的交往提供了条件。

尽管如此，完全身为处士（没有任何官位）的杜甫与前不久还出入宫廷、名声在外的李白，两人之间也确实存在一道难以打破的屏障。尤其是李白昔日荣光显赫如今却无官无职的这种处境，会在杜甫心中投下复杂的阴影。两人的年龄也相差十岁以上。

文人之交

自东汉末年建安之初文人集团开始出现，众贤汇聚一堂，于此产生一种同志式的连带感。三国魏的开创者曹操门下的文人，聚集在曹操长子曹丕周围，形成后世所谓的"建安文学"集团。前文所说的"公宴"诗就是此时的产物。他们之间共享友爱之情，这从曹丕怀念死去的几位文人的文章里也可以看出。收入《文选》的《与朝歌令吴质书》《又与吴质书》这两封信函，充满了曹丕对往昔交游的真切回忆。

在这之后，以王侯贵族的宅第为舞台，也诞生了一些文人集团，创作出不少唱酬诗作。这些文人集团都以具有政治实力的人物为中心。在实权人物的政治向心力的作用下，文人们被拢聚在一起。维系集团的纽带，最终还是官场政界的权力关系。

在唐代以后，与官场力学无关的真正的文人之交变得突出。李白与杜甫的交游也是这种与政治上的利害关系无关的友谊，始于相遇，且在友好中结束。

倾心于李白的超凡脱俗

杜甫赠给李白的诗中，最早的一篇是被认为作于天宝三载的五言十二句古诗《赠李白》。当时杜甫为了在洛阳获得一官半职而四处奔走，这首诗就从求官的辛苦和厌世的心情写起。对世间的套路心生厌恶的杜甫，遇到不染半点凡俗尘埃的李白，无疑被他这种纯洁的品性所深深吸引。在此之前，当李白离开长安时，前辈诗人贺知章说其"子谪仙人也"——被贬谪流放到凡间的仙界之人。这个评价广为人知，而它是贺知章刚一读到李白的《蜀道难》就发出的赞叹。杜甫在《赠李白》中丝毫没有提及李白作为诗人的一面。他从李白本人身上感受到了那种仙骨，而非通过作品。他正在对与自己格格不入的求官活动深恶痛绝的时候结识了李白，所以感到分外欣喜。杜甫为李白的人品和生活态度所折服，决定与其一道出游寻访广阔的天地。这首诗也以此收尾。

杜甫在这首诗中把李白称作"李侯金闺彦"。在汉代的宫殿里有一扇门，叫作金马门，学士在此应候天子诏书。杜甫用"金闺彦"这一称呼，对曾经作为翰林供奉侍候过玄宗的李白表示尊崇之意。不仅如此，"李侯"这个叫法也极显郑重，因为"侯"原本是爵位之一。这种敬意同时伴随着拘谨与隔阂。相识之初两人的关系也在此得以体现。

从倾倒到痴迷

两人相遇之后，杜甫直接描写李白的诗作多达十首。他在赞扬诗人李白的同时，也流露出彼此日益亲密之意。天宝四载（745），两人相偕游览齐鲁之地的时期，在拜访范氏家宅时的诗作《与李十二白同寻范十隐居》中，五言十六句的最初六句这样写道：

> 李侯有佳句，往往似阴铿。
> 余亦东蒙客，怜君如弟兄。
> 醉眠秋共被，携手日同行。

李侯的诗句实在精彩，与南朝陈的诗人阴铿颇为相似。我也是漫游东方的旅客，对你的亲近之情如同兄弟一般。酒醉后的秋夜同衾而眠，日日携手一同出行。

在这首诗中杜甫怀着敬意和拘谨称呼李白为"李侯"，同时也表示"怜君如弟兄"。除此之外，尽管"共被"和"携手"均为常套措辞，但杜甫通过使用这些表示身体接触的词语来显示与李白的亲密，疏远与亲密混杂于同一首诗中。正是这种不和谐，反映出两人亲密程度稍有增加之时的情形。面对面的时候还需保持距离，而在杜甫心中同时期待着更进一步的亲昵。我们从诗中可以解读出两人之间错综微妙的关系。

这首诗其实是李白和杜甫两人结伴同行时期最后的作品，此后他们再也没有重逢。然而杜甫并没有因此而停止书写对李白之思念。不仅如此，他对李白的称呼比相见相携时更加亲密。

分别之后

作于天宝四载或五载冬天的《冬日有怀李白》最初两句，写出诗人在孤独和百无聊赖中对李白的强烈思念。

> 寂寞书斋里，终朝独尔思。
>
> 在寂寞的书斋里，日复一日地思念你。

说到"寂寞"，我们首先会联想到汉代的扬雄。他虽然作为辞赋家取得了成功，却不满足于文学，进而转变为一个思想家，然而不为同时代的人们所理解，在孤独和忧愁之中悄然结束了一生。对于这样的扬雄，世人用"寂寞"二字来评价，其中既包含着惋惜怜悯，又夹杂着几分调侃（《汉书·扬雄传》）。读书人的那种不为世人理解、孑然索居的状态和心情，用这两个字表达再合适不过了。

寂寞的思绪驱使人渴望遇到一位知己，而并非期待与很多人的接触。"终朝独尔思"——因为寂寞，所以对"尔"的思念愈发热切；因为思念"尔"，所以"寂寞"愈发强烈。

"尔思"出自《诗经·国风》里反复出现的诗句"岂不尔思"。在《诗经》中用来表达恋慕异性的词语，被杜甫拿来用在李白身上。还有前文中列举的"共被""携手"，在今天看来用在异性之间更合适一些。在中国关于友情的诗作中，时常投射着爱恋异性般的感性。

谈论诗歌

杜甫次年春天写的《春日忆李白》，也是一首在彼此分隔的状况下想念李白的诗作。由于这首诗不仅是杜甫倾心李白时期的代表作，也是对李白的诗进行评论的重要作品，所以在此引用全文。

> 白也诗无敌，飘然思不群。
> 清新庾开府，俊逸鲍参军。
> 渭北春天树，江东日暮云。
> 何时一樽酒，重与细论文。

李白啊，你的诗无人能敌，飞逸的神思无与伦比。既有庾信的清新，又有鲍照的俊敏。我在渭水北岸看这春天的树木，你在江东之地眺望日暮的云朵。有朝一日，让我们再同桌饮酒，一起谈论文学吧。

李白形象的变化

在杜甫与李白偕行同游时期所作的《赠李白》《与李十二白同寻范十隐居》等诗中，杜甫用既郑重又拘谨的"李侯"称呼李白，在《冬日有怀李白》里变成带有亲密与爱意的"尔"，而在《春日忆李白》的开篇就直接唤作"白也"。直呼其名并在名字之后加上"也"的叫法，是《论语》中孔子对弟子的称呼。"白也"二字包含着像孔子称呼弟子那样无须顾忌的亲密之情。杜甫对李白的亲近之感在两人分别之后反而有所增加。

杜甫不仅对李白的称呼出现了变化，而且对李白人物形象的把握也发生了改变。在反映两人最初相遇情形的《赠李白》与稍后的另一篇《赠李白》中，杜甫都把李白作为一个道教徒，而在《春日忆李白》中则把李白作为一位诗人高度赞扬。

"飘然思不群"一句称赞李白的诗自由而且充满独创性的一面，抓住了李白诗歌的本质。"不群"是梁代钟嵘在《诗品》

中对魏曹植的评价，谓之"卓尔不群"。曹植是在唐代获得最高评价的古代诗人。杜甫把评价曹植的词语用在了李白身上。"卓尔不群"一词在《诗品》中表示超越众多、出类拔萃，而形容李白时更倾向于独特和不寻常的含义。

"清新""俊逸"也不是客套敷衍的赞誉，这两个词非常精到地点出了李白最独特的一面。为了说明这一特点，杜甫用六朝时期的诗人庾信和鲍照进行类比。正如唐初编撰的正史《周书·信传论》中把庾信批判成"辞赋之罪人"那样，庾信在唐朝是被否定的。庾信被否定的是他作为华美婉丽的南朝宫体诗之旗手的一面。正是杜甫最初把目光转移到庾信移居北方的后半生所写的文学作品，并给予了其高度评价。杜甫在后来作于成都的《戏为六绝句》中，也称赞其北迁后"文章老更成"。

接下来说明另一位，鲍照。南朝宋的文学自六朝以来都以"颜谢"——颜延之和谢灵运二人为双璧。当时无论是官场还是文坛，鲍照都没有与颜谢为伍的资格，其地位远在二人之下。到了唐代，当初的社会评价逐渐被淡忘，只有作品成为后人了解作者的媒介。长于形式美的颜延之逐渐淡出，风格更接近唐诗的鲍照与谢灵运则变得更贴近读者。就这样，在杜甫之后"颜谢"的说法被"鲍谢"所取代，鲍照与谢灵运的合称也广为流传。杜甫并没有借助已经形成固有评价的六朝诗人来评论李白，而是从自己独特的诗歌观点予以评价。

尽管杜甫与李白身处异地，他思念李白的心情，通过只有景色描写的对句就得到了充分表达。"渭北春天树，江东日暮云。"渭水北岸，即杜甫所在的长安周边。长江东南，即李白或许正在游走的地方。在这两地之间，并没有充当两人媒介的东西，诗人只是单纯地罗列出两处景色而已，思念之情却油然而生。

最后两句以杜甫期待的场景结尾，即与李白一边对酌一边论诗。杜甫对李白的思慕，以与其共同谈论文学为终结。一般来说，文人相会，谈诗论文才叫快哉。令人意外的是，在杜甫诗中，除了这首直接道出此意之外，竟然找不到其他的例子。

一厢情愿的友情

杜甫与李白实际所共处的时期，只有天宝三载和四载短短两年。然而杜甫对李白的倾慕反倒在两人分别之后越发强烈。两人见面的时候，现实中的关系与所希冀的关系之间会产生距离和错位。而分别之后这种距离和错位消失了，杜甫也得以将这种观念中的友情加以强化和放大。

杜甫在分别之后仍对李白念念不忘，相比之下李白一方则始终冷淡得多。杜甫赠予李白的诗或以李白为主人公的诗多达十首有余。除此之外，提到李白的诗句更有相当多的数量。杜甫在《饮中八仙歌》里描写了八位酒仙，唯独对李白动用了四句的笔墨，后来在暂居夔州时期创作的回顾自己人生的长篇诗作《昔游》《遣怀》中，也提及了与李白的交游。

与此相比，李白写杜甫的诗不过两首留存而已。虽说李白的诗歌总数只有杜甫的三分之二，但是按比例来说也是极少的。

而且这也不仅仅是诗作数量的问题。李白赠与杜甫，或是为杜甫送别的两首诗作，其内容也极为平淡，从中并不能读出太多寄予杜甫的特殊情谊。李白年长杜甫的岁数，正好同于孟浩然年长李白的岁数。李白对于孟浩然的情感则更为特殊，例如《赠孟浩然》的开篇，用"吾爱孟夫子，风流天下闻"这样的诗句来表达发自内心的倾倒和崇敬，或者像《黄鹤楼送孟浩然之广陵》一首，惜别之情溢满字里行间。这些都堪称李白诗中的杰作。与之相比,李白写给杜甫的诗平凡无奇,似乎同与他人的泛泛之交别无二致。

仅从两人彼此描写对方的诗作的数量和内容来看,杜甫对李白可谓一往情深,而李白对杜甫并没有特别留意。似乎两人之间的关系仅此而已。

建立友谊

尽管这是一厢情愿的心意,但是杜甫在诗中所歌颂的他与李白的交情,对下一代文人来说具有巨大意义。例如中唐文人韩愈与孟郊。韩愈就把自己与孟郊的关系比作杜甫与李白的关系。韩愈在《醉留东野》一诗开头这样描写:

> 昔年因读李白杜甫诗,长恨二人不相从。
> 吾与东野生并世,如何复蹑二子踪。
>
> 当年读到李白与杜甫的诗,深深地为二人天各一方感到遗憾。
> 我与东野生于同一时代,不知为何会重蹈这二人的覆辙。

再比如白居易与元稹,两人都是在杜甫文学的影响之下形成了各自的文学，他们亲密的交游关系或许正是以杜甫与李白为原型。杜甫作品中有《梦李白二首》，在这之前凡是梦中出现的都是作者朝思暮想的异性。杜甫把这样的诗改写成了描写对同性的李白思慕的作品。在白居易与元稹的诗中，我们可以频频看到两人互相梦见对方的作品。例如白居易的诗中有一首《初与元九别后，忽梦见之。及寤而书适至，兼寄桐花诗。怅然感怀，因此以寄》。正如长长的诗题所示，这首诗描写了他梦见元稹。元稹有很多诗写梦见他的亡妻和其他友人，当然也有梦见白居易的诗作。

两个文人之间以强烈的友情维系的心理结构，正是因杜甫以李白为对象的思念构筑而成，并且由杜甫的继承者，即中唐的韩愈、孟郊，白居易、元稹等人以现实中的交友付诸实践。从此以后，友情成为中国文学里的重要题材而被继承下来。

李白与杜甫

中国诗歌史上最卓越的诗人，应当首推李白和杜甫二位。从《诗经》算起，到二十世纪初为止，大约两千五百年的漫长历史中，两人生于同一时代，这堪称文学史上的一个奇迹。这种相遇究竟是偶然还是必然呢？

在文学史上常常有一些被人们相提并论的文学家。举几个我们熟悉的例子，比如紫式部和清少纳言、森鸥外与夏目漱石、歌德与席勒、加缪与萨特……然而像李白与杜甫这样关联紧密的例子还是十分稀少的。从杜甫地位得到确立的中唐时期起，他就与李白被合称为"李杜"。"李"字当先和年龄以及评价无关，应该只是取决于汉字发音组合的语感。回溯历史，东汉贤能的宰相李固与杜乔曾就被合称为"李杜"（《后汉书》第六十三卷）。还有一组也是东汉的例子，清流之士李膺与杜密也被称作"李杜"（《后汉书》第六十七卷）。像"李杜"这样的称呼包括李姓与杜姓两位适于组合并称的人物，而在李白杜甫之后，"李杜"的合称便特指他们二人。人们把晚唐诗人李商隐与杜牧称作"李杜"，也是把他们比拟为李白与杜甫。

自"李杜"的合称诞生之初，二人的优劣之争似乎就已开始。然而，给文学排列序位并没有意义。相比孰优孰劣的问题，更引人瞩目的是生于同一时代的两人都获得了后世的高度评价，同时又形成如此鲜明的对比。两者显著的不同之处可谓不胜枚举,在这里仅列出两点。

其中之一,用比喻的说法即天与地。当然李白是天,杜甫是地。李白的文学不受地面的束缚,悠然飞翔于天上的世界。如果说与地上有关联,也只会是从天界眺望凡俗下界而已。而杜甫的文学绝不会离开土地,甚至像在地面爬行一般,带着泥土气息。生活的艰辛、人生的苦难,这些构成了杜甫文学的内容。

另一个不同,是两者在文学史上扮演的角色。两人都处于盛唐这个诗歌历史的巅峰,李白更多地参与了诗歌走向巅峰的发展过程,而杜甫则与从巅峰转向下一个时代的过程直接相关。李白可谓是传统的集大成者,而杜甫则是新传统的创始人。他们恰似站立于中国诗歌的分水岭,李白眺望过去,杜甫展望未来,两人面朝相反的两个方向。用前文举过的例子来说,李白的《春夜宴从弟桃李园序》遵循宴席文学的谱系,从人生的无常开始说起;杜甫的《九日蓝田崔氏庄》摆脱因袭,个人的感慨贯穿始终。自杜甫开始,个人的日常成为文学内容的重心,为其后文学的性质确定了方向。

是两人生于同一时代的机缘巧合促生了这种对比性的特征吗?同时出现对比如此鲜明的两人,可谓文学史的一个秘密。尽管我们不能轻易破解这个秘密，但毋庸置疑的是，正因为两人对比鲜明，他们才被组合与并称，而且值得庆幸的是，他们给我们留下了两种风格迥异的文学作品。

第二章 立志官途

第一节

苦心求官时期

落第

天宝五载（746），三十五岁的杜甫结束了长期的旅行回到长安，开始了求官活动。当时科举的进士科每年有二十多个合格者。杜甫在开元二十三年（735）于洛阳落第之后，就再也没有参加过科举。或许盛唐时期的科举制度尚不十分完善，从当时的及第者中找不出名声响亮的人物。直到后来的中唐时期，考取进士的才子中才涌现出代表那个时代的政治家和文学家。北宋以后，考取进士成为通往仕途的必须条件，否则就不能获得像样的地位。

除了科举考试之外，为了广求贤才，天宝六载（747）

还举行了一次特殊的考核。朝中大权在握的李林甫标榜"野无遗贤"（《尚书·大禹谟》），最终一个人都没有录取。杜甫在此前一年回到长安，目的就是参加这次考试，然而无果而归。

求官的诗赋

科举落第，朝廷高官中举目无亲的杜甫，为了谋取职位，除了攀附权势之外别无他法。这一时期，他频频列坐于显贵人物的宴席，写出长达二十韵（四十句）的长篇近体诗。长篇诗歌在初唐太宗的宫廷文坛时常被创作，虽然尚不成熟，但已经相当接近于近体诗的格式。出于求官目的而写的诗，之所以采用长篇近体诗的格式，有可能是顺应了初唐宫廷诗的潮流，因为皇帝和重臣用这种格式比试诗才。近体诗是盛唐时期确立的新的诗体，四言的绝句和八言的律诗被广为熟知。然而绝句和律诗是短篇，除此之外还有十二句以上，即被称作排律或者长律的长篇体式，讲求一韵到底，通篇严格遵守平仄，各联对仗。被烦琐规则束缚的近体诗，尤其是长篇，要求诗人必须将诗歌技巧运用到极致。因此这也是诗人展示诗歌功力的绝佳格式。

杜甫的《自京赴奉先县咏怀五百字》共一百句，《北征》长达一百四十句，两首均为古体诗，对规则的要求并不十分严格。然而作为文学作品，古体诗更为重要，因为长篇近体诗可以说还兼具馈赠品的性质。

杜甫篇幅最长的近体诗，是后来滞留夔州时期创作的《秋日夔府咏怀奉寄郑监李宾客一百韵》，全长百韵即二百句。这首诗已经不是以求职和委托引荐为目的的作品了，仅从题目也可以看出，这是呈送给在夔州关照过自己的郑审和李之芳等官员的诗作，因此也具有公开和正式的意味。

由杜甫所开创的长篇近体诗，于中唐时期在推崇杜甫的白居易和元稹的继承和推动下得到了进一步发展。杜甫本人仅有一首百韵作品，而元白二人的百韵作品数量更多。不过他们的长篇近体诗，脱离了其发源于宫廷的特性，变成了酬和于两人之间的私人性诗体。二人在彼此的友谊与游戏精神的支撑下相互竞争，层出不穷地展露出诗歌创作的高超技巧。白居易自己也曾提到，当时元白的长篇近体诗被称作"千字律诗""元和格"，流传于大街小巷。这是一种可以作为新的创作形式而引发潮流的崭新的诗体。两人在诗坛的地位也由此确立。

话说频频向大人物呈诗却总得不到引荐的杜甫，四十岁时直接向玄宗献上了自己的赋作，即被合称为"三大礼赋"的三篇作品。赋讲求押韵却近似于散文，而且一句的字数和全篇的句数都没有限制。作为汉代以来的古风文体，赋具有一种特有的格调和凝重感。玄宗关注了这些作品，而且在宫中召见了杜甫，但此举并没有给杜甫带来一官半职。不过谒见玄宗这件事本身便是极大的荣誉，杜甫在《壮游》一首里曾怀念当时的盛大场面。他毕生对唐王朝满怀忠诚，尤其对玄宗一直抱有特殊的情感。这都源于玄宗对他赋作的认可，以及他得到玄宗亲自召见的经历吧。

第二节

目光转向社会的不公

唱出人民疾苦的乐府

杜甫文学的重要组成部分，尤其是在新中国成立以来获得高度评价的社会诗歌，即表达对苦难人民的同情和对社会不公的愤慨的诗歌群，都集中在这个时期。《兵车行》《前出塞九首》《后出塞五首》等都采用乐府与歌行的歌谣体式，表达被征召发配的兵卒的心情。乐府是汉武帝设立于宫中掌管音乐的机构名称。乐府的职能除了负责典礼仪式的音乐之外，还包括收集民间歌谣的歌词。朝廷参与这种工作还有一个充分的理由，即从歌谣中汲取人民对政治的意见。该机构收集的歌谣被称为乐府，表示歌谣曲调的标题被称为乐府题。

后来，尽管乐曲本身已经失传，文人们用固定下来的乐府题创作乐府诗歌，从而形成韵文的一体并被继承下来。

在三国时代的魏国，曹操周围的建安文人创作了许多乐府作品，反映东汉末年战乱中人民遭受的苦难，然而后来南朝的乐府诗逐渐流于艳冶，其针砭时政的原有意义也慢慢淡化。

杜甫的一系列作品倾诉普通民众的疾苦，体现出乐府本来应有的功能和意义。虽然《前出塞》《后出塞》用的是《出塞》这个汉代以来的乐府题，但大多数作品题目是杜甫独创的，例如《兵车行》。

到了中唐时期，李绅、元稹、白居易等人进一步推动了借助乐府批判社会问题的文学的发展，其中明确带有重新恢复乐府原有功能的意图和期待。例如白居易的《新乐府五十首》等即为代表作。这些后来被统称为"讽喻诗"的作品群，很好地体现了中国文学对社会政治产生影响的姿态和特征。不过白居易的上述诗作都创作于其置身朝廷出任左拾遗一职时期，可以称之为发自政权内部的声音。与之相比，杜甫则完全无官无位，因此无须过多顾忌，下笔坦然。作为当时的皇帝宪宗（805—820年在位）下属的白居易，当然不会直接用批判的笔锋针对皇帝，而身为一介布衣的杜甫则言及玄宗本人。在《前出塞九首》其一当中，就有以下诗句：

君已富土境，开边一何多。

君王拥有足够广阔的领土，难道还要将国境扩张得更大吗？

杜甫对玄宗的领土扩张政策提出质疑，可以看作对皇帝的指斥。这种批评在当时的诗歌中极为罕见。

批评的性质

提到政治批评，我们会立刻想到体制与反体制的对立式结构，然而中国古典文学中的批评，具有与之不同的性质。对杜甫来说，他憧憬久远的理想时代，坚持天子英明、万物有序的儒家理念，对与这种理想过于悬殊的现状进行批判。同时，对体制一方来说也存在相同理念，因此两者的根本观念是一致的。如果忽视这一点而认为杜甫是对体制进行批判，则过于草率和单纯。而称赞其描写现实或者称其为"人民诗人"等，就未免过于迎合读者一方的需要了。现实与文学的关系并非如此单纯，而且也不能将当时无数的平民划入"人民"的概念范围。

杜甫批判社会的诗作，因为曾在一段时期内受意识形态影响并受到评价，所以我们往往容易将其忽视。从西方近代的新锐文学观来看，这些作品相比文学，似乎更接近政治或者思想有别于文学的其他范畴。然而这些将目光聚焦于社会的作品，毋庸置疑仍是杜甫文学的重要部分。这一点更是中国古典文学的重要特质。只要人在群体中生存，只要人的诸多不幸都来源于此，那么承载人类情感的文学在与社会的关联中把握人类的本质，也是合乎情理的事情。

征兵的情形

杜甫的社会诗的主题之一，是描写在时代的洪流中飘摇动荡、失去个人安稳生活的平民的不幸。代表作《兵车行》就刻画了被强征兵役的男人们与其眷属的悲叹。

车辚辚，马萧萧，行人弓箭各在腰。
耶娘妻子走相送，尘埃不见咸阳桥。

牵衣顿足拦道哭，哭声直上干云霄。

道旁过者问行人，行人但云点行频。

或从十五北防河，便至四十西营田。

去时里正与裹头，归来头白还戍边。

边亭流血成海水，武皇开边意未已。

君不闻汉家山东二百州，千村万落生荆杞。

纵有健妇把锄犁，禾生陇亩无东西。

况复秦兵耐苦战，被驱不异犬与鸡。

长者虽有问，役夫敢伸恨。

且如今年冬，未休关西卒。

县官急索租，租税从何出？

信知生男恶，反是生女好。

生女犹是嫁比邻，生男埋没随百草。

君不见青海头，古来白骨无人收。

新鬼烦冤旧鬼哭，天阴雨湿声啾啾。

"车辚辚，马萧萧。"这首诗在匆匆往来的战车与军马队列的不间断影像与声响中开始。这种描述令人想到电影的序幕。从诗联想到电影并非偶然。乐府原本就具有以歌谣形式讲述故事的性质，虽然电影以影像为主，但两者具有共通的地方。车轮发出的声响、战马的嘶鸣，都会勾起悲伤的情绪。这首诗中五言句与七言句混杂一体，只在开篇用了三字句。将最短的三字句排列在开头，会营造出叙事诗开始陈述时的凝重气氛。

"行人弓箭各在腰。"踏上征程的旅人，即奔赴战场的男人们，个个腰间都佩戴着弓箭。他们跟随在军马后，低头沉默不语。在描写他们强力压抑的悲伤之前，诗人先唱出被留下的亲人的悲痛心情——"耶娘妻子走相送。"老父亲、老母亲、妻子、孩子们奔跑着追赶队列。"耶娘"据说是表示父母之义的口语，在这里与其说是模仿士兵的口吻，不如说是用通俗的词汇激发读者想象父母充满生活气息的衣着形象。

在我看来，士兵的双亲和妻子出现在此处，其意义非比寻常。以出征士兵的悲哀为主题的诗，早在东汉无名氏和建安文人的乐府作品中就已经出现。那些诗描写的重点当然是服兵役的男人们，作为士兵身边的亲眷，留守在家的妻子的悲伤固然也被提及，却没有进一步展开描写。杜甫的诗作中这种同居亲属相继出现的情形，确实非常罕见。盛唐时期流行的边塞诗、混杂着异国情调诉说戍边之苦的诗歌群，都是以士兵及其妻子为主体。描写空闺少妇哀怨之情的闺怨诗亦沿袭此类型。杜甫把妻子以外的其他家庭成员也动员起来，其效果相比抒情性，更写出了浓重的生活感。此处对兵戎之悲的描写，摆脱了以往只关注士兵，或者顶多提及留守家园的妻子的类型，开创了关注家庭亲眷整体悲哀的新形式。

"尘埃不见咸阳桥。"飞扬的尘土遮挡了视线，就连前方的咸阳桥也看不见。架设在渭河上的此桥是都城的边界，过了这座桥对面便是他乡异土。"牵衣顿足拦道哭，哭声直上干云霄。"临近分别，家人们试图作最后的挽留：紧紧抓住士兵的军服，顿足悲号，拦在道路中间试图阻止行军，一边抵抗一边哭叫，凄厉刺耳的哭声直抵云霄。然而上天对此丝毫不会垂怜。

"道旁过者问行人，行人但云点行频。"路过的男人在向士兵询问些什么。在日本出版的注释中，经常把这个问话的男人视为作者杜甫本人，我倒认为不这样理解更妥当一些。此处类似于电影的某个场景，这个男人应该也是一个出场角色。被询问的士兵只是简短地回答道："召集接连不断。"频繁地召集，正似杜甫之后的诗《石壕吏》中所写的那样，男人都被召集，连年迈的老父亦不能幸免。

"或从十五北防河，便至四十西营田。去时里正与裹头，归来头白还戍边。"士兵接着说道："还有人十五岁时被征召去北方驻守黄河，到了四十岁还在西方屯田。离开家乡时村里的长者为我缠头，归来时已是满头白发，还在戍卫边境。"从平民中招募的士兵在"屯田"政策下，非战时一边肩负防务之任一边身兼农耕之责，并不能返乡。这里把一个少年直到变成老人都无法免除兵役的境遇，用头发——年轻时的头发和老年人的白发——作为媒介表现出来。

"边亭流血成海水，武皇开边意未已。君不闻汉家山东二百州，千村万落生荆杞。"战士们在边境流的鲜血都汇聚成了海水，武帝扩张领土的雄心却没有止境。"武皇"即汉武帝。把当下的人和事设定为汉代的人和事是诗中的常用手法。诗人并非直接叙述现实，而是将之作为另一个世界曾经发生的故事进行描写，当然实际上所指的是唐玄宗，这里也排除了对玄宗对外政策的批评。"您也知道，汉室东方二百州，村村落落无处不是荆棘丛生。"村落荒废是因为村民都被征兵，已经无人留守务农。如果把"山东"理解为华山以东，那么被称为关东的地区几乎都是此种景象。

"纵有健妇把锄犁,禾生陇亩无东西。况复秦兵耐苦战,被驱不异犬与鸡。长者虽有问,役夫敢伸恨。""即使有手把锄头的健壮农妇,纵横的田垄间作物也难免荒芜。何况隐忍耐劳的秦地兵卒,如同鸡犬一般被使唤驱赶。就算长者好意垂询,我这一介苦力哪敢有什么怨言。"士兵一面声称口无怨言,一面将愤恨一口气吐出。

"且如今年冬,未休关西卒。县官急索租,租税从何出。""况且今冬函谷关以西的兵卒连归家的短假也没有。官府催着交租,可是租税从哪里来啊?"往年在休战时期会让士兵返回乡村继续务农,今年却没有。田间庄稼无人照料,当然就颗粒无收。收成没有,租税却照旧。

"信知生男恶,反是生女好。生女犹是嫁比邻,生男埋没随百草。""才明白生男确实不如生女好。女儿还能嫁到近邻,儿子就只能和杂草一同掩埋于土中。"这无疑是重男轻女风气下的悖论。早在《庄子·天地篇》中就提到人的欲望在于长寿富贵和多子。在这个理所当然的前提下生女儿反而更好的悖论也在很早就已经出现。建安文人陈琳的《饮马长城窟行》(《玉台新咏》卷一)就有"生男慎勿举,生女哺用脯"的句子——生下男孩千万不可抚育其成长,生了女孩务必要精心养育。若问为何，因为男儿只会从军战死沙场……

"君不见青海头，古来白骨无人收。新鬼烦冤旧鬼哭，天阴雨湿声啾啾。""你看，在那与吐蕃发生激战的青海湖畔，从古到今白骨都不曾埋掩。新的亡灵冤屈苦闷，旧的亡灵哭泣哀怨，各种声音都在雨天的阴郁潮湿中悲怆地回响不断。"最后一段由士兵的语言自然而然地切换成了叙述者的语言。荒野中裸露的白骨常年放置，任凭风吹日晒，阴森森的氛围中传来幽鬼的哭声，这些描写都给读者带来强烈的冲击。

不过这都不是杜甫的原创。早在北朝乐府《企喻歌》(《乐府诗集》卷二十五）中就有"白骨无人收"一句。

男儿可怜虫，出门怀死忧。
尸丧狭谷中，白骨无人收。

男人都是可怜的虫豸，走出家门就难免性命之危。尸体弃置狭窄的山谷，白骨无人收拾。

古战场上回响鬼魂哭声的诗句，在与杜甫同时代的李华的《吊古战场文》中也可以看到。"往往鬼哭，天阴则闻。"

李华的文章也包含反战的主张，是盛唐时期具有先驱意义的著名古文。此文收录于《古文真宝》，在日本也广为流传。至于这些战死幽鬼的恸哭，与其追究李华与杜甫的描写孰先孰后，不如将其看作同时代人共有的文学表达更为贴切。

《兵车行》结尾四句包含的情绪最为激昂。这首诗从眼前经过的兵卒写起，到他们终将化为幽魂孤鬼结束，确实为一首残酷的作品。结局的残酷，更能凸显士兵的不幸。诗中并没有直接提示作者的观点，而是通过对人物与和事态发展的具体描写，自然而然地表达作者的看法。

祖祖辈辈都在与家人耕种劳作，过着无名无姓的平凡生活的人们，突然被征召入伍，殒命于远离故土的异乡，曝尸荒野——杜甫所描写的人民的不幸，既非遵循儒家思想，亦非出于社会主义立场，既为人则必深感其痛。这种放在今天当属人道主义范畴的观念，原来在中国古代早已深入人心了。

对权势的批判

杜甫的社会诗所关注的中心在于政治给庶民带来的苦难，也有作品流露出对当权者的厌恶。试举歌谣体的《丽人行》为例。

三月三日天气新,长安水边多丽人。
态浓意远淑且真,肌理细腻骨肉匀。
绣罗衣裳照暮春,蹙金孔雀银麒麟。
头上何所有?翠微㔩叶垂鬓唇。
背后何所见?珠压腰衱稳称身。
就中云幕椒房亲,赐名大国虢与秦。
紫驼之峰出翠釜,水精之盘行素鳞。
犀箸厌饫久未下,鸾刀缕切空纷纶。
黄门飞鞚不动尘,御厨络绎送八珍。
箫鼓哀吟感鬼神,宾从杂遝实要津。
后来鞍马何逡巡,当轩下马入锦茵。
杨花雪落覆白蘋,青鸟飞去衔红巾。
炙手可热势绝伦,慎莫近前丞相嗔。

三月三日,天朗气清,长安城的水畔丽人云集。身姿冶艳,神情恬淡,优雅而端庄。肌肤细腻,纤秾合度。刺绣的薄绢衣裙在晚春的阳光下闪耀。金丝织出孔雀,银丝织出麒麟。且看头上更有何种装点，只见绿色的发饰从发根垂下。再看背后又是如何打扮，腰带上的珍珠正好与娇柔的身段般配。丽人的中心，当然是置身于云朵般的帷幕下的贵妃的姐妹——受封大国称号的虢国夫人与秦国夫人。翡翠釜中煮好紫驼峰，水晶盘里摆满透亮的白鱼。厌倦了美食，犀牛角制作的筷子形同虚设；用快刀切就的生鱼丝也无人问津。宦官从厨房接连不断地运来珍馐美味，策马驱驰却不扬起尘土。箫声鼓声之哀切足以打动鬼神。众多的宾客和侍从皆为时运亨通的显达权贵。一位骑马的官人十分骄横，在檐口下了马就踏上锦茵。柳絮如雪花般飘散，遮盖了水面的白色浮萍。青鸟衔着红色的丝巾飞去。杨家气焰极盛，仿佛一伸手就会被灼伤，切勿近前以免丞相发怒斥人。

这是身份尊贵的女子们踏春游乐的场景，诗人描写了一场典雅而热闹的盛筵。在这首诗里杜甫罕见地使用了华丽的词汇，同时把焦点聚集在虢国夫人和秦国夫人两位贵妇身上。她们皆因系杨贵妃的姊妹而处尊居显。诗中最后上场的是时任丞相的杨国忠。他也是受益于杨贵妃的裙带关系而平步青云。诗中描写的鞍马"逡巡"，一般都被解释成似乎为了显示在一众宾客面前旁若无人的态度，然而笔者认为这或许是在表现决意踏入帷幕之前的犹豫，更或许是为预示接下来场面就要转换到与之前所描写的奢侈场面具有不同性质的行为，即类似于舞台艺术中的"亮相"。

此后的那些隐晦的文字暗示着杨国忠与虢国夫人之间的丑闻。同姓亲族之间的男女私情，在中国是断然不被容许的无耻行为。"杨花"与"青鸟"两句，则把这段情事描写得十分精到。"青鸟"是为西王母与汉武帝的恋情充当媒介的神秘之鸟，"衔红巾"而飞的青鸟象征性地表达出两人的亲密与和睦。

"杨花"也是暗含男女情愫的掌故。南朝梁的杨华是北魏名将杨大眼之子，他英俊的容貌深得北魏胡太后的倾心。杨华担心因此招来祸端，遂率部投降于梁。胡太后对杨华不能忘怀，作"杨白华歌辞"令宫人昼夜歌之（《梁书·杨华传》）。胡太后所作歌词载于《乐府诗集》。这也是一段身份尊贵的女性的恋情。诗中通过暗示性的文字示意杨国忠与虢国夫人的密会。无须多言，"杨花"的"杨"也指代他们的姓氏。

杜甫对杨贵妃之流穷奢极侈的憎恶，在下一小节即将探讨的《自京赴奉先县咏怀五百字》中途经华清宫的部分也有涉及。

赐浴皆长缨，与宴非短褐。

彤庭所分帛，本自寒女出。

> 有幸享受赐汤沐浴的都是身居高位之人，能够列坐宴席的没有白丁之辈。宫廷恩赏的绸绢，说到底还是贫女所织。

从此处我们可以明显看出诗人对权贵的批判。这是杜甫以本人口吻直叙的诗作。然而如果把《丽人行》仅仅归结为对杨贵妃一族的批判，似乎就显得有些单薄。即使杜甫确实对倚仗权势作威作福之人心怀不满，然而以歌谣的形式和流丽的语汇将其表达出来的事实也同样不容忽视。诗人以细腻优美的笔触，描绘出贵人们在春意盎然的郊野极尽奢华纵情享乐的场景，营造出奇异而独特的氛围。

一直以来，关于杜甫反映社会现实的诗作，其批判社会的一面备受关注和赞赏，而它们大多为乐府与歌行等带有歌谣体式特征的一面常常被忽视。《自京赴奉先县咏怀五百字》的作者与诗中的话者合二为一，即这首诗可以看作是杜甫本人的声音。而在《丽人行》这样的歌谣中，作者只是隐身人，诗通过歌者之口咏唱出来，并在歌曲中得到表达和展现。因此歌谣体式所描写的，笼罩着一层柔软面纱，进而言之是经过加工的另一番世界。要使社会批判成为文学，就必须为其包裹上文艺的外衣，以区别于单纯的针砭时弊。

第三节

就任官职

初次任官

杜甫最初接受官职是在天宝十四载（755），年届四十四岁时的事情。他在诗中说到被委以"河西尉"之任，估计这并非那个地处与越南交界的云南边陲、天高地迥的河西县的县尉（县属官员），而是包括山西、陕西两省部分地界的"河西"地区其中一县的县尉。中国的县在日本大约相当于"郡"之下的"町"，是中央所辖的最小行政单位。县尉就是在此负责全盘事务的劳碌卑职。如果在都城周边的大县担任县尉，则带有见习行政事务的意味，是日后升迁高官的一条途径。我并不了解杜甫被派任的河西县是何等级别，总之他对此职的繁忙有所顾虑，因而没有接受。随后他又被委任的右卫率府兵曹参军事，则是一个管理兵器的闲职。无论如何，渴望许久的官职已经到手，杜甫却没有欣喜之色。《官定后戏赠》中有如下四句：

> 老夫怕趋走，率府且逍遥。
> 耽酒须微禄，狂歌托圣朝。
>
> 年迈之躯不愿做个县尉四处奔走，权且得个率府之职逍遥过活。贪杯尚需微薄的俸给，（供职之余）随性而歌，老身就托付给圣朝了。

此诗相"赠"的对象是谁无从知晓，或许其中带有掩饰四十多岁才获官的尴尬的成分。即使确如标题中"戏"字所示，此诗乃半开玩笑，这种姿态仍显得玩世不恭。此后杜甫于左拾遗之任也有表达厌倦职务之意的诗作（《曲江二首》其一）。这与曾在求荐诗中慷慨陈词"致君尧舜上，再使风俗淳"（《奉赠韦左丞丈二十二韵》）的作者判若两人，全然一副不知进取的新人官员的样子。诚如后文所述，杜甫对于官职的态度并非全神贯注心无旁骛。满以为他会写出辅佐君王实现太平盛世的宏伟志向，孰料他像陶渊明一样只说俸禄补贴酒钱。憧憬做官只是在无官之时，一朝为官却又无心胜任。杜甫的性格特点就是如此。

纪行诗

杜甫出行，欲将去年秋天暂时安置在奉先县（陕西省蒲城县）的妻儿带回京城。一篇题为《自京赴奉先县咏怀五百字》的百句大作，描写了此行途中的见闻和与家人重逢的情景。此诗在杜甫的文学作品中也具有标志性的意义。先于此作的社会诗，都是从外部凝视遭遇乱世而蒙受苦难的黎民，诗人自身并不直接在诗中出现。而《自京赴奉先县咏怀五百字》则就世事时局与杜甫的私人生活一并进行了描写。杜甫文学的特征在于将多难的时代与不幸的个人作为一个整体加以描写，可以说这个特征正是从此诗开始。若论纪行诗，《文选》所收西晋陆机自吴赴洛阳的作品是旧时代的典型，诗中集中吐露了旅人的忧愁，而无暇顾及周遭的状况。与这些旧时代的诗作相比，我们可以清晰地看到，杜甫的纪行诗摆脱了模式化的感伤，转变为同时记录个人与世情。

复杂的自我认知

《自京赴奉先县咏怀五百字》这首长诗从以下四句写起：

> 杜陵有布衣，老大意转拙。
> 许身一何愚，窃比稷与契。

杜甫常常把自己设定为第三方来进行叙述，即通过自我客观化来多层次地描述自己。该诗开头亦如此，充分反映出杜甫的自我认知。

诚如前述，杜陵乃名门居所，有个无官无位的男子与此地颇不相称。年岁徒增而想法愈显愚拙。他总是不谙世故，与善于为人处世的"巧"正相反。

接下来的两句体现出诗人不能应对现实的"拙"：不知自认何等人物，竟然愚钝地暗暗把自己比作支撑尧的稷、辅佐舜的契这些名垂青史的贤臣。明明自知并非辅佐天子的人才，却又对自我抱着过高的期待。有另一个自己以自嘲般的姿态注视着如此这般的自己。如果只是把自己比作稷与契的话，就与堂吉诃德别无二致。然而"许身一何愚"，通过与自己保持距离客观把握，展现出绝非单一的自我。杜甫这种自我把握与他对世界的把握，难道没有相通之处吗？我认为他看待自我时的多层次态度，与看待世界的态度一脉相通，即并不把世界看作已知和永固不变的存在，对未知领域亦抱有探究的意愿。

旅途见闻

诗人随后也写到自己一直心怀痴梦而实际上无能为力，接下来转而记录从长安到奉先县的旅程。在描写途经骊山的部分，约莫是华清宫内贵人们享乐之时，诗人的笔触充满厌恶，对其与贫苦人民之间的天壤之别感到愤慨。

朱门酒肉臭，路有冻死骨。

与家人团聚

杜甫经过长途奔波终于赶到家人暂居之所，最先传入耳中的却是号啕之声。

> 入门闻号啕,幼子饥已卒。
> 吾宁舍一哀,里巷亦呜咽。
> 所愧为人父,无食致夭折。

> 在我离家的日子里一个孩子饿死了。让我恸哭吧。近邻的人们也流下同情的泪水。为人父母却因食物匮乏而令幼子夭折,真是羞愧难当。

诗人内心有着多么痛切的惭愧!连我们都不禁为之心痛。然而,杜甫的悲痛却不止于此。

> 生常免租税,名不隶征伐。
> 抚迹犹酸辛,平人固骚屑。

> 我的身份可以躲过租税免除徭役,即使如此都这般辛酸,可知常人得经受何等的不安。

> 默思失业徒,因念远戍卒。

> 诗人心中挂念的是因战乱而不能从事自己原本职业的人们,进而联想到被发配至更遥远的边陲戍卫的士兵。

诗人把发生在自己身上的丧子之痛这种个人的不幸，扩展到了世人的苦难。借助此种想象力，个人的不幸与世间的不幸合二为一，营造出更大的悲哀。

这首长诗以如下两句收尾。

忧端齐终南，澒洞不可掇。

令人忧愁的杂乱头绪堆起来高过终南山。四处弥漫，不可收拾。

"安史之乱"

就在杜甫去奉先县之时，爆发了"安史之乱"。安禄山起初乃一介边境武人，崭露头角后深得玄宗赏识，却因竞争对手杨国忠就任宰相而进退维谷，于是发动了兵变。十一月在范阳（河北省涿州市）举兵的安禄山于十二月攻陷洛阳，直指长安，翌年天宝十五载（756）突破潼关之守，逼近都城。六月玄宗离开皇宫逃往蜀地，长安落入安禄山叛军之手。杜甫在此之前让家人先后在长安以北的白水县（陕西省白水县）和较之更北的鄜县（陕西省富县）羌村躲避兵乱。他八月只身返回长安，正欲投奔已于灵武（宁夏回族自治区灵武市西北）登基的玄宗皇子肃宗麾下，却被安禄山叛军俘获。《月夜》一首，正是诗人此时从长安遥望月亮想念鄜州妻小的诗作。此诗在沿袭以往描写深闺孤寂的闺怨诗主题的同时，改虚构为抒发私人感情。这不失为一个很好地展示杜甫处理因袭与创新之间关系的例子。

人与自然

杜甫在长安被软禁中迎来了新年至德二载（757），写下了他诗歌中最为脍炙人口的《春望》。

> 国破山河在，城春草木深。
> 感时花溅泪，恨别鸟惊心。
> 烽火连三月，家书抵万金。
> 白头搔更短，浑欲不胜簪。

"国"这个由人建造、供人居住的地方遭到了毁坏，已是残"破"不堪。与人力所为之脆弱形成对比的是"山河"。

山川所代表的自然，以岿然如故的姿态存"在"。如何把握人与自然的关系是杜甫诗歌毕生的主题，在此诗中该主题被明确地揭示了出来。遭受安禄山叛军践踏的都城长安，其中的自然似乎与人类的所作所为毫无关联，与以往的姿态别无二致。山河长存，无关凡人，这对于站在"人"之立场的杜甫来说，人的强大无从谈起，他甚至意识到作为人的悲哀。对于自然而言，人不过是可以忽视的东西。自然对人不会怀有善意，更不会伸出援助之手。这与前文提到的《望岳》诗中，诗人对泰山的雄姿寄予全部信任并与其对峙的自我之间，相差何其之大！

比"国"更小的单位是国中的"城"，在城墙合围起来的市镇里，春天已经到来。虽然人群聚居的国与城业已凋敝，但岁时的运行井然有序，不会迟缓也不会中止，又到了生命绽放的春天，草木的绿色日益浓郁。第二句为"山河在"三个字所写出的厚重自然增添了春天萌动的生机。

宋代司马光认为"山河在"意指除了山河以外别无他物，"草木深"表示无人（《温公续诗话》）。诗人通过描述自然物，来表示人和与人有关的事物的缺席和丧失，即把人和自然的对比解释为无和有的对比。可是诗人并没有用"无"字否定人的活动，而是用"破"字进一步凸显无序无章不成体统的人类世界的脆弱。

"感时"二字，通常表示随时节变换的自然触动内心，而这里却非如此。"时"即"世"，言世间之变。在这原本值得赞美的季节，因世情伤怀，即使看到花开也会泪水潸然。混乱之际人尽别离，时势之下原本动听的鸟鸣也令人不安。"惊心"表示人在变得警觉时听到鸟声忽然感到惊惶的那种敏感的反应。所见所闻都反映了主体的心情。

吉川幸次郎、三好达治在《新唐诗选》一书中把这两句解释为"感于时势，连花儿也流泪；怨恨离别，连鸟儿也惊心"。笔者曾听吉川先生本人说过，早在谣曲[1]《俊宽》中就作如是解读。把花与鸟看作动作主体的解释确实颇具魅力。虽然笔者在此沿用了通常的解释，但或许这不是孰对孰错的问题。如果用日语说明，就必须确定是"连花儿（自身）也"还是"（对于）花儿（人）也"的问题。在将原诗翻译成英语等西欧语言时，同样得厘清其内部关系。然而原诗只将"感时—花—溅泪""恨别—鸟—惊心"依次排列

---

[1] 谣曲：能乐的唱词剧本。

而已。"感时"与"恨别"的主体，既可以理解为诗人，也可以理解为花和鸟。"溅泪"与"惊心"亦是如此。因为没有显示词语之间关系的标志，所以动作主体原本就没有特定为某一事物。在话语者与花鸟主客混淆的关系中没有了自他之别。这种暧昧的文字表达，打破了人（话语者）与物（花鸟）以往所承担的角色关系，一般来说是人因花鸟而动心，这种关系被破坏之后似乎包含着花鸟为人的世界所动心这种可能性。正是这种无需明示内部关系的语言，才使人与物的关系产生多重意义。

此诗后半部分的四句，话题转向诗人自身。先前的"感时"与"恨别"并没有说明事态，在这里"感时"由"烽火"一句，"恨别"由"家书"一句分别具体化了。战火一直延续到阳春三月，如此境遇下传递失散亲人消息的家书，对其来说直抵万金。

最后两句以进一步描写诗人自身收来尾。搔头这个动作，在日本是掩饰难为情的动作，而在中国，自从《诗经·邶风·静女》中描写不能见到恋人的男子"搔首踟蹰"之后，都用以表示烦恼和困惑。杜甫也在战乱不断和家人消息全无的状况下搔头，头发因此更加稀疏，到了用发簪都固定不住的程度。诗人并未使用概念性的词语表示悲伤，而是通过插发簪的手感描述内心的感触，显得生动传神。

提拔为左拾遗

肃宗从灵武移驾至南边的凤翔（陕西省凤翔县），杜甫逃出长安到达行在所，五月接受左拾遗的任命。左拾遗虽然官位较低，但也算天子亲信，有机会升迁至中枢地位。然而杜甫的直属上司房琯是玄宗朝中的官员，在肃宗新政权里受到冷落并被罢免宰相之职。杜甫也被放假，于是前往鄜州与家人团聚。描写这段路途的诗作，乃杜甫首屈一指的雄篇，即长达一百四十句的《北征》。此诗与《自京赴奉先县咏怀五百字》类似，杜甫结合对自身与妻小的具体刻画，细致地描绘了从本人视角所观察到的世间情状。

后来官军反攻，收复洛阳长安，肃宗回驾皇宫，杜甫也携家人返回长安。此后的一段时间里，杜甫的生活与工作都相对稳定，这是他人生中少有的公私两方面都得到眷顾的时期，其间亦有数首诗作取材于身为天子亲信的公务。例如《春宿左省》是他在左拾遗隶属的门下省值夜之后的作品。

花隐掖垣暮，啾啾栖鸟过。

星临万户动，月傍九霄多。

不寝听金钥，因风想玉珂。

明朝有封事，数问夜如何。

花隐没于昏暗，宫墙落入暮色。归巢的鸟儿鸣叫着飞过。星宿俯瞰着宫禁的千门万户迁移，明月依傍着九重宫阙熠熠生辉。夜不成寐，在金锁前侧耳聆听，轻风带起的鸣动，令人误以为是玉珂之声。明日早朝有奏章上呈，频频问询夜入几更。

名义上为了便于随时上谏天子，值夜也是左拾遗的公务之一。诗人描写从日暮到夜晚这段宫中的时间，带着身为近臣的兴奋和自豪感。曾在《兵车行》里形容幽鬼哭泣的"啾啾"一词，在这里也变成倦鸟归巢的平和之声。以皇宫为中心月转星移，仿佛这皇宫就是世界的中心。杜甫偶尔也有这样对世界和自我的存在不怀丝毫质疑的作品。

春天的忧愁

《春宿左省》是杜甫在短暂的朝官时期，身处左拾遗之任方能写出的作品。重要公务当前，杜甫既内心充满紧张，又意气风发。然而在这一时期，也有诗作与此相反，流露出官位加身却郁郁寡欢的心情。且看《曲江二首》其一。曲江乃位于长安城南的行乐之地，后因战乱而荒废。

> 一片花飞减却春，风飘万点正愁人。
> 且看欲尽花经眼，莫厌伤多酒入唇。
> 江上小堂巢翡翠，苑边高冢卧麒麟。
> 细推物理须行乐，何用浮名绊此身。
>
> 凋落一片花瓣也就少了一分春意，何况吹起万点春花的风只会令人悲伤。水边的小堂上翠鸟筑了巢，花园中麒麟像横倒在高高的坟冢旁。先看看眼前飘散的花瓣吧，也不拒绝啜饮过量的酒水。如若揣度世界的原理，便知唯有享乐，不必以虚名束缚己身。

若说此诗表现了诗人对春天逝去的惋惜、从无常观进而变为人生唯有行乐的颓废心态，那么这个总结就不够完整，此诗还有更广的意义延伸。且不说随风飘落的花瓣让诗人察觉到春天消逝，那花瓣漫天飞舞的场面更超越了惜春的默默悲哀，让诗人实实在在地看到了自然的强大力量。要与之抗衡，就不必压抑自己，只需举杯畅饮即可。目之所及，原本为人居住的"小堂"变成了鸟巢，埋葬逝者的"高冢"其标志性的石像倒伏在地。春鸟筑巢意味着新生命诞生，坟冢与横倒的麒麟像令人想到死亡。鸟出生，人亡故——如此统治世界的原理究竟是什么？诗人得出的结论是耽溺快乐便足矣。如此想来，身居左拾遗之位，欲扬天下之名，只会让自己感到拘束。

因为人生无常索性追求享乐的心情，早在东汉无名氏的《古诗十九首》中就有先例可循。诗中主张人生终究虚无一场，唯有尽情享乐，与此同时也流露出不可沉湎其中的晦暗忧郁的情绪。如果把此诗看作基于无常观的享乐主义，那么就杜甫而言，它是少有的能与享乐主义联系在一起的作品。但是仅仅把此诗归于该谱系并不能把握其本质。它们到底有何不同呢？

自然力

"风飘万点"描写凋零飘落的花，是花的衰败，春的终结，换而言之即自然生命消退的"负"状态。尽管如此，此处展示了何等华丽且充满力量的情景！落花并非静静地飘零，而是在天空中狂舞。诗人从生命消退的自然物中感知巨大力量的诗作，绝非只此一首。在后来作于夔州的名篇《登高》中也可以看到。

　　无边落木萧萧下，不尽长江滚滚来。

　　这两句写秋天枯黄凋落的树木和流逝的长江水，同样是渐趋衰微的自然物，却是一副充满能量的景象。由落花产生伤春的情绪，与其说是诱发定型性抒情的场景，不如说是定型性抒情所诱发的场景。杜甫对于自然的态度已经超越了抒情的定型，而是直接去感知自然的巨大力量。从杜甫对自然的此种书写可以看出，他在终极层面上保留着对世界的信任。

　　花已谢，春已逝，鸟儿开始营巢。与自然活动相比，人实在是卑微的存在。作为陵墓标志的麒麟石像也因战乱而被毁坏，本来与落花飞舞的景观不可相提并论。诗人贪杯却不顾酒量。这与爱惜短暂春光的平和心境相去甚远。他被大自然的动感与变化所震慑，明知无力抗衡却仍要抵拒从而破罐破摔。诗人所表达的不是纳入自然的意向，而是因人与自然对峙却无望与自然匹敌而感到的焦灼懊恼。虽然诗人归根结底是肯定世界的，但人作为世界的一部分却与之遥遥相隔。

与自然的融合

《曲江二首》其二中，诗人从自暴自弃的心境中多多少少找回了自我，欲与春风春光融为一体。

> 朝回日日典春衣，每日江头尽醉归。
> 酒债寻常行处有，人生七十古来稀。
> 穿花蛱蝶深深见，点水蜻蜓款款飞。
> 传语风光共流转，暂时相赏莫相违。

春深日暖，诗人在下朝的途中把春季的官服拿去典当，日复一日在水边买醉之后才回家。

赊下的酒钱到处都是，活到七十岁的人却一直不多。人们都知道"人生七十古来稀"这句是把七十岁称为古稀的出处，而清代的注解家则主张杜甫是借用了成语。无论如何，此句带有一定自暴自弃的含义：反正活得长不容易，干脆借钱喝个痛快。诗人在此以欠债与长寿这两个不协调的词汇来搭配"有（有）"与"稀（几乎没有）"，组合出谐谑感。

诗人的这种心境变化，源于不经意看到的蝴蝶与蜻蜓的身影。蝴蝶深深钻入花丛，点水蜻蜓舞姿轻盈。

蝴蝶钻入花丛是为了汲取花蜜，蜻蜓点水是为了产卵，它们单纯朴素地重复着极其自然的生命活动。自然界正值春天，与人无关。

春风和春光啊，把我的话告诉你们吧。我也想和你们一起听任时间流逝，在须臾间相顾无相弃。

眼下的这个春天，也是流逝不止的时间的一个片段，不久即将过去。让我也和蝴蝶、蜻蜓一样，把自己交给春天，与轮回不息的自然融为一体。现在是春天，那就享受春风春光，无须刻意回避。如此一来，人与自然的抗争便一度得以平息。在悉知这不过是"暂时"———一时性的，不会解决所有问题的前提下，权且眼下如此行事吧。

笔者想在此重申，人与自然的关系是杜甫毕生的主题。《曲江二首》其一，诗人欲与烂漫春光抗争而最终自暴自弃；其二，回避与自然对立，尝试暂时同化。自我与自然融为一体是陶渊明的志之所向，而在杜甫来说只不过是一时的消解对立。人与自然的对抗，将在无法得到最终调解的状态中持续下去。

第四节

调任与辞职

任职华州

乾元元年，房琯、严武等人遭到肃宗朝廷贬斥，杜甫也被视为同流而外放华州司功参军。华州是从长安通往洛阳途中的城镇。杜甫身为州官司功参军，目睹人民的生活，写出了真实描写民间疾苦的系列诗作"三吏""三别"。《新安吏》《潼关吏》《石壕吏》，冠以洛阳与华州之间地名的三首是为"三吏"，记录了杜甫因公务赴洛阳途中的见闻。"吏"是官府的职员，诗中记录了各地从民众中征兵的场面。当时虽说安禄山已被其子安庆绪杀掉，长安和洛阳都已被朝廷收复，但安庆绪重新得势，攻破了郭子仪率领的官军，因此当时朝廷急需增强兵力。

正如"三吏"这一统称所示，吏占据了诗的中心。《石壕吏》刻画了欲强行征兵的吏与家中已无男丁的人户之间发生的争执。"吏呼一何怒，妇啼一何苦"——"三吏"诗中的吏并非都被塑造成残酷的形象。唯独此处，吏向平民展露出凶神般的模样。因为征兵是吏的职责，身为司功参军的杜甫同样是为官府卖力，身份与其无异。

平民的疾苦

"三别"指《新婚别》《垂老别》《无家别》三首，分别以新婚夫妇的离别、年老夫妻的离别、已无亲故的孑然一身与故园乡土的离别，来展示平民被征集入伍的情形。这些作品诗人采用代入各个人物进行歌咏的歌行体，并没有直接表明自己的观点。在平淡的叙述中，自然而然地流露出诗人对战争侵夺人民平凡日常的批判。

《垂老别》中的老人，其子其孙都已战死沙场，念及农耕后继无人，自己已成无用老身，于是选择了亲赴战场。诗人站在老者的立场上，写出了充军的决断，对家和生活难以割舍的眷恋，以及内心在两者之间的斗争。

"三别"分别描写了不同境遇的三者，这些心怀离别悲伤的都是无名庶民。乐府、歌行的特征之一，在于可以借叙事性的体裁，由角色展开剧情。乐府虽说带有批判性，但并非提出建议的载体，例如指出社会存在的某种问题与纠正方法。被具象化了的人物剧情，才是乐府与歌行的艺术特色。

由于正统文学的肩负者是位处社会上层的士大夫，其下位的人们不易在文学中出现。尤其在南朝文学中，庶民的存在变得更为遥远。杜甫在当时的政治环境下关注被压迫平民的悲哀，这是一种崭新的诗歌题材。通过杜甫的造型，被历史洗涤和湮没的人们在此得到重生。白居易的"新乐府"是一系列以庶民为主人公的短篇小说式讽喻诗。从这一点上也能看出，杜甫是开启下一时代文学的契机。

有别于"三吏""三别"这样痛切的作品，描写故友之间温暖交情的佳篇《赠卫八处士》亦出于这一时期。

　　人生不相见，动如参与商。
　　今夕复何夕，共此灯烛光。

少壮能几时，鬓发各已苍。

访旧半为鬼，惊呼热中肠。

焉知二十载，重上君子堂。

昔别君未婚，儿女忽成行。

怡然敬父执，问我来何方。

问答乃未已，驱儿罗酒浆。

夜雨剪春韭，新炊间黄粱。

主称会面难，一举累十觞。

十觞亦不醉，感子故意长。

明日隔山岳，世事两茫茫。

人生中的邂逅之难，犹如参（猎户座）商（天蝎座）两星你起我落。今宵又是什么特别的夜晚，竟能与君围坐灯火旁。年轻气盛的时光能持续多久？彼此的头发都已斑白。询问了旧友的状况，才知多半都已入鬼籍，不禁惊呼，胸中翻腾。谁能料到过了二十年，还能再次来到君家堂上。当年分别时，你还是单身一人，如今已是儿子女儿站成行。他们对父亲的友人笑脸相迎，问道"您从何处而来？"对话还未结束，孩子们就被催促摆放酒水。在夜雨中剪来春天的韭菜，热气腾腾的米饭中混杂着黄粟。你再三说着"难得一见"，接连喝干十杯酒。十杯酒仍未醉，君之情谊直沁心底。天亮之后又会有山岳相隔，在这尘世间，你我两人都将会怎样呢？

我们只知道这位提供食宿的故友姓卫，排行第八。"处士"是对无官之人的敬称。看样子这是个事业未有起色，孩子生了一大堆的人家。酒是备好了，却不见待客时必不可少的杀鸡。当然也没有肉，只是剪了院子里的韭菜，拼凑出迎客的饭食。米饭中"间黄粱"，是因为白米不够吧？但是主人在清贫中精心准备的食物，尤其是"夜雨""新炊"两句的描述，显得格外美味。杜甫对这番倾情款待的谢意，为简朴的饭菜增添了香味和色彩，使之更加美好。

孩子们为有客来访而欢喜，杜甫对孩子们的问话认真作答。"驱儿罗酒浆"一句，宋本作"儿女罗酒浆"。如此一来，就变成在对话过程中孩子们就开始准备酒水了。如另一文本所载，此处宜作"驱儿"。孩子们抓住稀客接连问个不停，父亲斥责说"别唠叨个没完没了"，命其准备餐桌。我们眼前似乎浮现出这样一副生动的情景。

诗人对友人准备的食物和对孩子们的描写，都令人印象深刻。然而此诗的中心是两个久别重逢的男子，相隔一盏烛火品味着再会的喜悦，其中包含着对人生的深刻体会。

诗的开头写世间相遇原本不易，仿佛使用了成语一般。

人生原本就是这样，而我们竟然在今宵邂逅。"复何夕"表达出喜悦之情和对人生的不可思议。重逢的两人"共此灯烛光"。灯火特有的温暖，无可替代的心灵交流，烛光所照亮的两位初老男人构成了温情的画面。

两人互相打量对方，发现已非往昔的模样。虽说已经变老，但我们仍然这样活着。可是多半老友，早已转入鬼籍。诗人再次品味着时光流逝中重逢的偶然。

然而，仿佛是被赋予仅此一夕的侥幸一般，相见的喜悦只限今晚，很快就将变为离别的悲哀。明日之后，两人的前途皆渺茫不可捉摸。他们会再次被未来阻隔。此诗在诗人对于未来留下的黯淡余音中结尾。此后没有显示杜甫与卫八重逢的迹象。

日本的西行法师，曾经偶然再次途经远州（静冈）的小夜中山岭，作和歌一首，大意如下：想到年岁增高后又要翻越小夜中山，不禁觉得这是命运安排吧。

西行的和歌共三十一个字，当然无法容纳杜甫这首诗长达二十四句一百二十字的内容，然而他深切体会到的"命运安排"，与杜甫重逢旧友的心情，难道没有相通之处吗？

弃官

乾元二年（759）秋，杜甫辞去任职一年的华州司功参军，带领家人前往秦州（甘肃省天水市），从此以后再也不曾任官，也没有回到洛阳和长安。这是他后半生流浪的开始。这个成为人生最大转折点的决断究竟是如何做出的，对此杜甫并没有多作说明，只在《立秋后题》一诗中谈及此事。在对立秋之后带上秋色的景物进行了一番描述之后，诗的后半部分这样写道：

> 平生独往愿，惆怅年半百。
> 罢官亦由人，何事拘形役。

从前就盼望一人自由地生活，可悲的是这百年人生已过去一半。
辞官也是出于他人的原因，为了生活而受制于人的日子何足贪恋。

照此理解，诗人与早年东晋陶渊明反省自己为官职所缚，写出"既自以心为形役，奚惆怅而独悲"（《归去来辞》）的句子如出一辙，看似诗人是为了过上自由生活而辞官——让精神为肉体服务，只会令人无比悲伤。陶渊明经过数次出仕，到最后吐露"归去来兮，田园将芜胡不归"的心声并回归故里之前，曾有过深深的迷惘和懊恼。杜甫对此缄口不提，只是简单借用了陶渊明的典故而已。但或许此中就隐藏着真实的原因。

"罢官亦由人"一句在中国被当成名言，其含义却令人费解。在此权且做如下理解：我一直期待按照自己的生活方式而活，辞职的原因在人，我厌恶被人束缚。

确实，官宦生活似乎不适合杜甫，与无业时期相比，其诗作反而流露出阴沉忧郁的情绪。但是体恤家人珍爱生活的杜甫，会因自己的性格取向而轻易放弃来之不易的官职吗？显而易见，丢官就意味着生活困顿。人的行为，并非时刻都伴随恰当的判断和充足的理由，也有可能受到连自己都意想不到的冲动的驱使。在诗人此后的人生中，他的行动都与一个贤明的生活者相去甚远。能够形容他的，只有愚、拙二字。此时他也是在没有说明相应理由的状态下，下定了人生中最大的决心。

第三章 漂泊的旅行生活——入蜀之前

第一节

边境之城秦州

诡异的风景

在杜甫此后持续终生的漂泊旅程中,他最初寄身的秦州,是位于长安以西三百多公里处的边陲小城。他在《秦州杂诗二十首》其一中提到,此行是去投奔族人杜佐。此人居于秦州东柯谷,也为杜甫一家预备好了住所。后来诗人离开秦州,在各地辗转寓居,似乎也都事先有某种预筹才动身前往下一地。只不过他的预筹大多都会失算。

经历了翻越陇山的艰苦后终于到达的秦州,是一个与中原风土迥异的地方。加之此处属于与吐蕃接壤的边境地带,鼓角声和胡笳声在城中回荡,异族居民也为数不少。突然移居此地，似乎令杜甫神经震颤，对周围事物反应敏感。以秦州为题材的系列诗作《秦州杂诗二十首》中夹杂的自然风景描写，带有一种莫名的诡异。尤其是别具特色的景色描写集中在这些五言律诗的颔联或颈联。

水落鱼龙夜，山空鸟鼠秋。

"鱼龙"是鱼龙川，"鸟鼠"指鸟鼠谷，均为秦州地名。对于当地人来说，地名只不过是个符号，而在外地客看来，地名本身就会引发对其含义的联想。鱼与龙、鸟与鼠这些动物，和夜晚这个黑暗的时间段，以及秋天这个清冷的季节相结合，诡异而神秘地活动。"鱼龙"的名字原本来自一个传说，据说潜藏于深渊的五色鱼被称为龙，并无人敢捕捞（《水经注》）。"鸟鼠"见于《尚书·禹贡》，是个有正宗来历的地名。《尚书》与《水经注》都作为"鸟鼠同穴山"的山名列出。也有一说指出"鸟鼠""同穴"实为两座山。《尔雅·释鸟》中可见"鸟鼠同穴"的种类名称，约莫是鸟与鼠合二为一的动物吧。地名愈考证愈混沌，总之此诗中的地名远离记号功用，被引向与日常异质的传说世界。

更何况眼下鱼龙川流量减少，水流似有似无。鸟鼠谷毫无人烟气息。诗中的"空"字不仅表示没有人烟，也包含树木光秃、连鸟鼠等动物也不见踪影之意。此地的山水，处于一种原应存在的事物缺席的空虚状态。

月明垂叶露，云逐渡溪风。

一滴凝聚于树叶尖，似乎马上就要坠落的露水，映照出月亮的光辉。露珠这种细微的事物里充盈着月光。这只是转入运动之前瞬间的静止。这是描写微小且转瞬之间的对象的新鲜写景句，然而相比描写景物，这里更富含象征的深度。一粒露珠通过映射月光，使自身与月亮成为等价物，微小之物与庞大之物在此重合。虽然露珠现在如此饱满，但下一个瞬间就会从叶梢坠落。蕴含动的一瞬之静，亦即在瞬间中蕴含永恒。所以从空间上和时间上来说，世界整体都凝缩在这一颗露珠之中。

对于能够如此理解和描写世界的表达者，我感到无比艳羡。哪怕只是一瞬间，能以这种方式面对世界，就能拥有等价于现实人生全部时间的密度。

虽说如此，或许这不过是读者对此句一厢情愿的理解，而此时的杜甫正如叶尖上的露珠一样微微震颤着，因灵魂感到不安而瑟瑟发抖。

下一句，诗人转而叙述开阔视野中充满跃动感的景物。云在飘移，像追逐穿过山谷的风一般。风在动，紧随其后的云也在动。事实上是风使云动，追逐的一方是风，云和风在此被倒置。虽然倒置的理由可以有各种解释，例如是将可视的云作为主体，抑或是将"风"置于句尾以押韵等，但结果上，这种倒置产生了奇妙的功效，即现实场景中的云和风的关系受到了破坏。如果用风追云这种顺理成章的说法，或许会带来轻快的速度感，但是诗人通过改变风与云的关系，则会营造出不稳定的非现实感，如果将其与意象相结合，则此处也会显示出诗人内心的焦灼。

抱叶寒蝉静，归山独鸟迟。

在中国士大夫的文学中，蝉与秋季搭配出现，其鸣叫声寂寞而微弱。蝉被看作只饮露水的廉洁的生物，人们将之与士大夫高洁的情操联系在一起。此处的蝉也不例外，停止了微弱的鸣叫，在秋寒之中悄悄地趴在树叶上。

鸟通常或结对，或成群，"独鸟"即单只的鸟儿，常常被用作孤独诗人的隐喻。一只失偶或离群之鸟，在日暮中飞回山里。

寒风中的秋蝉，日暮归山的鸟，都是诗歌中常见的事物，很容易从中读出诗人所投射的沉郁晦暗的心绪。然而此处引人注目的，是那只鸟飞翔的"迟"。就像调整过速度的录像一般，鸟儿飞得十分缓慢，慢得近乎不自然。这种异常的迟缓淡化了现实感，更确切地说是脱离了实际的描写，试图在语言空间中描绘一只近乎悬空静止的鸟。回头再看与此构成对句的写蝉的句子。微弱的声音和鸣叫声都已听不到了。蝉鸣静止，鸟的运动也无限接近静止。这种静止与生命力的低下相结合，渲染出晦暗的氛围。

无风云出塞，不夜月临关。

尽管没有风，云竟然自己从城塞里飘出；虽然不是夜晚，月亮竟然高挂在城楼之上。云飘动，月驻足，仿佛都是具有人格的存在。风吹云动，天黑月明，这种自然理论被打破，创造出超越现实的场景。诗中的风景因而变得阴森诡异。

说到云自己流动，会令人想起陶渊明《归去来辞》中的句子。

> 云无心以出岫，鸟倦飞而知还。

云从山中飘出，鸟向巢穴飞回。此处的云也不凭借风力，自行发生，自己飘走。将其看作"无心"，乃是陶渊明独到的表达。用"无心"二字，看似否定拟人化，实则将云拟人化了。只是经过拟人化的云，极为自然地从山中生成，又从山中飘走。它的所为不带有任何意图，仅仅是平淡地去做。这就是"无心"，看到云之如此，陶渊明心怀满足，自己也融浸其中。

如果把这个描写总结为无风云自动，那么陶渊明与杜甫就别无二致，而两者的心情却正相反。陶渊明弃官回归故里，在自足于家居的情况下吟诵出这个场景，表现出因在静暮中看到自然的协调而宁静平和的心情。与此相比，杜甫的"无风云出塞"一句则越发显得怪异惊悚。

景物与意象

从《秦州杂诗二十首》中极富特色的写景句来看，似乎诗人的态度早已不是客观如实地再现亲眼所见了，而是将现实或逆转或破坏，从而创造与现实不同性质的场景。

这些非比寻常的外部情境与作者的内心深深联结在一起。或许应该说，作者是为了投射出内在的阴影，因而创造出此番异样的景观。

在诗人后来的成都时期，其景色描写的特点在于尖锐地截取现实景象并加以描写，那也正是杜甫的特长；而秦州时期突出的特点，在于对背离现实的奇特景物的描写，这与杜甫开始漂泊生活，置身远离中原之地的不安心境有很大关系。

创造不可视的世界

诗人关于秦州诡异的写景句，既具有将意象风景化的一面，也具有创造超现实风景的作用。吉川幸次郎举出"水落"和"无风"两句，评价其为"能动地造型出全新的自然"（《访中诗事》，见《吉川幸次郎全集》第二十五卷）。肉眼所见的世界，换言之即已纳入认知范围内的世界，与其说是通过眼睛所理解的世界，不如说是通过既有认知所获取的世界。杜甫"能动地造型"出的，难道不是超越已知而尚未分明的世界吗？难道诗人不是把触角伸向人类认知所不及的世界进行描写吗？

秦州风土

我们不妨从富于独特写景的《秦州杂诗二十首》中选取一首来通读一下。例如其中第十七首。

> 边秋阴易夕，不复辨晨光。
> 檐雨乱淋幔，山云低度墙。
> 鸬鹚窥浅井，蚯蚓上深堂。
> 车马何萧索，门前百草长。

边境的秋天，日色在阴霾中倏忽转暮，清晨的曙光也同样地明暗不分。位于山谷间的城镇总是缺乏阳光，这似乎恰恰与杜甫胸中的晦暗重合。关于此地缺乏日光，诗人在"边日少光辉"（其十八）等诗句中也反复提到，而这两句所表达的是原本明暗分明的白昼与日落，夜晚与早晨，由于白天也天色昏暗，所以没有明显区别。因为不能依靠感觉把握时间的推移，所以诗人的时间感产生了微妙的偏差。这种不自然感与初来乍到的陌生感同样存在。

檐头如注的雨滴从幕帘飞溅，自山上飘落的云雾漫过墙垣。缺乏阳光的原因也在于多雨的气候。人处室内而观雨望云。沉降而来的云雾宛如某种诡异的生物缓慢移动。与前文所举的"无风云出塞"相同，此句也描绘出云的奇诡动态。

鸬鹚是一种水鸟，为了捕鱼紧紧地盯着水面。它身体纹丝不动，充满紧张感。蚯蚓是一种小虫，爬上堂屋是由于湿气重，室内也变得适于蚯蚓活动了吧。静止的鸟，蠕动的虫，它们都意味着什么呢？如果是通常的诗，这些小动物都会被赋予一些寓意，而在这里却绝非如此。鸬鹚是现实中的鸬鹚，蚯蚓也是实实在在的蚯蚓，却包含着某种不可名状的意义。这就是所谓的象征性吗？

因为没有造访的车马，此处一片寂静。由于无客登门，所以庭前杂草丛生。作为一种定型化表达来描写远离世事的生活态度，这两句浅显易懂。但是含义浅显也只限于这最后两句，而其他部分看似明了实则隐晦。这些诗句，无疑都是在刻画秦州晦暗无光、多雨而濡湿的样子，同时又具有与一般诗歌表达相异的难解之处。这难道不是意味着杜甫有意识地摆脱了诗歌的规范化创作吗？秦州时期是杜甫诗歌创作生涯的转折时期。

第二节

从秦州到同谷

告别秦州

诗人在秦州迫于食物匮乏,落脚未及四个月,尚未安顿妥当,就搬迁至隶属成州的同谷县(甘肃省成县)。在同谷有位"佳主人(支援者)"发出邀请,说该地食物丰富。离开秦州之际,杜甫送给赞上人——与杜甫同样从长安迁来秦州的一位僧人——的诗《别赞上人》开头四句这样写道:

百川日东流,客去亦不息。
我生苦漂荡,何时有终极。

当我们对杜甫的生涯有整体了解之后会发现，此时此刻诗人的"漂荡"人生才不过刚刚开启。这里的哀叹似乎是一个预兆，此后没有终点的旅途会一直持续下去。

去往同谷的旅途

从秦州到同谷的旅途记录在十二首纪行诗中。第一首为《发秦州》。此诗既写启程，也为十二首诗整体作"序"，三十二句的长度也是该系列之首。

> 我衰更懒拙，生事不自谋。
> 无食问乐土，无衣思南州。
>
> 我是越老越懒散，筹划生计的事情自己也不主动去做。缺少食物就寻求乐园，衣服不够就对南国心生憧憬。

诗人带着自嘲的口吻开始说到自己欠缺生活能力。自己并没有想方设法去谋求生计，只是向不愁衣食之地迁移。同谷县虽说是"南州"，也不过是距秦州一百二十公里的南方而已。

汉源十月交，天气凉如秋。

草木未黄落，况闻山水幽。

栗亭名更佳，下有良田畴。

充肠多薯蓣，崖蜜亦易求。

密竹复冬笋，清池可方舟。

虽伤旅寓远，庶遂平生游。

汉水发源之地，进入十月仍然凉爽如秋。草木尚未枯萎，加之山水也颇幽深。栗亭这个名字甚好，亭子下是肥沃的农田。足以果腹的山药取之不尽，崖头的蜂蜜也能轻易入手。茂密的竹林覆盖着冬笋，清澈的池水可供两舟并济。虽然寓居远方伴随艰辛，但是跋山涉水的经年之愿也将要实现。

此处的汉水并非流经武汉的大河，而是注入嘉陵江的西汉水。栗亭是隶属成州的县名。相比地名的标记性，诗人更喜欢"栗亭"这个令人确信食物充足的地名。而由此联想到《论语》中的"栗"，或许是一种过度解读吧。

鲁国的哀公就"社（祭祀土地神的庙宇）"问孔子的弟子宰我。宰我回答："夏王朝以松木，殷王朝以柏木，周王朝以栗木分别为神体。用栗木是为了使人民战栗。"对于宰我这番似乎在助长残酷统治的言论，孔子感到惊诧不已，同时也说"既往不咎"，即过去的事情就不必再提了（《八佾》）。假如这段逸事在此处被用作铺垫，那么该句就别有一番意义：栗亭这个名称，比起令民众战栗云云，对我来说想到栗子有很多就十分开心了。

总而言之，诗人对同谷充满了期待。他期待"山水之幽"和探寻自然之美，与此同时，或许更加期待食物之丰富。通过罗列出的一连串食物名称，杜甫垂涎欲滴的形象跃然在目。

> 此邦俯要冲，实恐人事稠。
> 应接非本性，登临未销忧。
> 溪谷无异石，塞田始微收。
> 岂复慰老夫，惘然难久留。

此处乃交通要地，人来人往过于频繁。会客本来不合自己的心性，望山观水也不解忧愁。山谷中看不到珍奇的岩石，城塞的农田也无甚收获。这些怎能抚慰我这个老人的心呢？在此地郁郁寡欢不可久留。

秦州之地令诗人大失所望。他不仅没有享受到山水之趣与果腹之食，而且还感受到了人际关系引发的烦郁。在上一段落，诗句的字里行间洋溢着对同谷的期待，仿佛即将前往的同谷就是一方乐园，与此形成对照的是即将离开的秦州事事处处都令人厌烦。一旦心生嫌恶，就不容片刻滞留。

日色隐孤戍，乌啼满城头。
中宵驱车去，饮马寒塘流。
磊落星月高，苍茫云雾浮。
大哉乾坤内，吾道长悠悠。

太阳沉入孤立的城塞，乌鸦聚集在城墙上呀呀乱啼。半夜驾着马车离开这个城镇，用冰冷的河水饮马。星月高高地悬在夜空，苍茫无际中云雾飘浮。在这无比巨大的世界里，我的道路永远没有尽头。

日落后，夜半时，诗人离开秦州，于星光和明月的照耀之下，在弥漫的雾霭中前行。此诗从一开始就展开具体的描述，而最后两句忽然飞跃到高于现实的另一维度。"乾坤"意指天地，"乾"与"坤"原本皆为《周易》中的卦名，是将天地抽象化的词汇。诗人感受到自己身处广阔的天地间，渺小的自我正面对着大千世界。他没有叹息自伤，也没有强装伟大，与世界对峙的紧张感正充满诗人内心。在空间上和时间上都无限延伸的征途，当然是指此后的旅程，同时也指向自己今后的人生道路。

人生入诗

在描写出发的该诗之后，十一首诗依次记述了前往同谷的旅程。每一首都以途中的地名为题，与充当"序"的《发秦州》加起来，十二首共同组成一系列完整的纪行诗。后来杜甫在从同谷搬迁到成都之际，又写下了以《发同谷县》为首的一组十二首纪行诗。从秦州到同谷，再从同谷到成都，诗人分别创作一组纪行诗十二首。两段旅程都充满了难以忍受的艰辛，而杜甫以两组十二首的系列诗呈现出来，把现实生活变成作品，展现出诗人作为一个强悍的表达者的一面，可以说是玩弄人生以充诗句。或许诗人是通过诗歌创作才勉强克服现实中的困苦。人生绝非为了诗歌创作而存在。先有沉重的现实人生，然后才有杜甫将其用诗歌表达出来，这个顺序不可颠倒。即便如此，杜甫也不仅仅是一个生活的汇报者，他还构建了一个独立的文学表达的世界。

接连创作二十首诗从不同角度描写秦州，又将旅程的记录凑齐十二首，这些都显示出杜甫对诗的执念。在此执念中，诗人开启了漂泊之旅。从出发地秦州开始，我们就清晰地看到了杜甫作为一个表达者的觉醒。

第三节

同谷亦非乐土

更加穷困

杜甫一行到达同谷之后，发现并没有他所期待的像样的食物，诗人的生活越发困苦。在同谷的穷困情形，诗人用歌谣的调子在《乾元中寓居同谷县作歌七首》中咏唱出来。第一首这样写道：

> 有客有客字子美，白头乱发垂过耳。
> 岁拾橡栗随狙公，天寒日暮山谷里。
> 中原无书归不得，手脚冻皴皮肉死。
> 呜呼一歌兮歌已哀，悲风为我从天来。

旅人，旅人，其名为子美。白头乱发垂至耳。年复一年跟在狙公后面捡橡子充饥。山谷间寒冷，太阳也下山了。中原没有回信，想回也回不去。手脚冻伤皲裂，皮肤坏死。呜呼，开口唱歌，唱出的也是悲伤之歌。悲风从天空朝着我吹来。

这一组七首诗采用统一的格式。每首诗倒数第二句都以"呜呼〇歌兮歌△△"的形式，〇处填入表示第几首的数字，用只有音节不带含义的"兮"字作间隔。其后的△△部分，表现这一系列歌谣的情绪逐渐高涨。

采用歌谣形式的意义

正如开头的"字子美"与末尾的"为我"所示，此诗唱的正是杜甫自身，然而诗人为何特意采用歌谣的体裁呢？在中国一般的诗歌中，作者直接表述自我，换言之发语者即为作者。与此相对，在歌谣中表面上的发语者是歌手，并非作者自身。歌谣的发语者与作者本人之间被留置了间隔。作者从脱离自我的视点描述客体化了的自我。

诗人如此自我客体化，是出于什么意图呢？有一种解释也成立，即直接描述自己的体验太过痛苦。然而与此相比，难道不是诗人自觉——对于自己活生生的现实与表达这种现实的行为之间的背离，换言之，即对生活者与表达者之间保持距离的自觉——选择了此种表达形式吗？杜甫用一生来描写现实生活的艰辛，我们将杜甫的文学理解为杜甫真诚的悲叹。就算这种理解没有不妥，杜甫本人在用语言表达自我的现实之际，无疑也会意识到自己作为表达者的立场。通过歌谣的形式，日常生活和其中的艰辛每每被加工为"歌中之事"。杜甫在描写自己时，总会带有一些戏谑和滑稽，歌谣的形式并非作者的直叙，用来以戏谑的口吻展示凄惨的自我是再合适不过的了。

自嘲的口气

在此诗中杜甫以字出现，紧随其后的是关于容貌的描写，这是一个格外强调贫穷与凄惨的寒酸形象。说到日常生计，则是尾随狙公（耍猴的），过着与猴子一样的生活。"狙公"一词出自《庄子·齐物论》中的典故"朝三暮四"——狙公每天早晨给猴子三颗橡子，晚上给四颗，猴子发怒；而换成早上四颗，晚上三颗猴子就很高兴。尾随狙公的自己，与朝三暮四的愚蠢猴子别无二致。

我们从"中原无书归不得"一句可以推测杜甫很早就考虑过返回中原之地。他寄信诉说此意而对方却没有回复，因此欲归而不得归。

诗人接着描述在寒气逼人的山镇里身体所受到的损伤。此诗记录的惨状，其一是食物匮乏，其二是御寒无术，简而言之即饥寒交迫。诗人深受衣食这两项生活最基本需求的困扰。诗句以晦暗的口吻展现出的，是连衣食之忧都不能自己解决的日常，以及对这种凄惨处境的自嘲。

悲风为我

第一首诗，在此系列的叠句"呜呼"之后，以"悲风为我从天来"一句结束。"为我"可以解读为风朝我吹来，即单纯表示方向。或许在此也可以做更进一步的理解。诗人任凭肆意生长的白发乱蓬蓬地飞散，仰脸对着扑面而来的风。这风是增添悲伤的冷风，"从天"空中"为我"而来。杜甫将其理解为上天的安排，为了给自己增添苦难才让风朝自己吹，于是心甘情愿地接受。他顺从地接受上天给予的考验，并且毅然决然地面对。只要这冷风是上天所赐，自己就坦然接受——诗人面对冷风昂然伫立。如果这样理解，杜甫接受苦难并与之对抗的精神就得到了充分体现。他并没有在悲伤中一味地消沉下去。

第四节

翻越剑阁

离开同谷

诗人在同谷停留不满一个月。乾元二年十二月一日,他起程前往下一站成都(四川省成都市)。这段旅程需要翻越剑阁山,途中的艰苦都详细记录在十二首系列诗中。第一首为《发同谷县》。

> 贤有不黔突,圣有不暖席。
> 况我饥愚人,焉能尚安宅。
> 始来兹山中,休驾喜地僻。
> 奈何迫物累,一岁四行役。

忡忡去绝境，杳杳更远适。

停骖龙潭云，回首虎崖石。

临岐别数子，握手泪再滴。

交情无旧深，穷老多惨戚。

平生懒拙意，偶值栖遁迹。

去住与愿违，仰惭林间翮。

贤者无暇让烟囱被熏黑，圣人无暇把坐席暖热。何况我既贫穷又愚蠢，更不能在家优哉游哉。初来此山时，中意这里的偏僻而停马驻足。无奈被生活所迫，这一年里四次踏上旅途。满怀不安地离开边境地带，朝着更远处的黑暗进发。在龙潭云雾缭绕处停下马车，在虎崖的岩石前回望。在岔道口与送行的数人告别，紧握双手一再泪水扑簌。人与人的交游不分深浅与新旧。年老之后心中充满悲愁。我从来都是愚蠢糊涂，偶然遇到这块适合隐居之地。然而在决定是走是留时，却违背了自己的心愿，也愧对林中之鸟。

杜甫在从秦州迁往同谷时所作的《发秦州》诗中，对前往之地充满了期待，心想只要到了同谷就能过上好日子。与之相比，《发同谷县》充斥着极为低落的情绪。诗人意识到已经不能再抱有同样的幻想了。他满怀悲痛地从同谷出发，对前程也充满了不安。

一次次的迁徙，令诗人感到遗憾和痛心。他将屡次迁居与孔子和荀子席不暇暖联系起来，仿佛在找借口为自己开脱——圣人既如此，何况我等愚蠢之人，当然不能在一处安居了。

仅是今年就被迫迁居了几次啊！辞去华州之职后转赴秦州，从秦州到同谷，又从同谷再去成都，全都集中在这一年之内。想安居一处的愿望也化为泡影，流离转徙的自己连林中营巢的小鸟都自愧不如。

感到羞耻的杜甫

这首诗以"仰惭林间翮"，即对鸟都觉得惭愧一句结尾。杜甫的诗中"耻""羞""惭""愧"等表达羞耻的字眼，多到近乎异常。所谓羞耻，是对自己较他人不足而自觉产生的感受，因认识到自己不及某种标准而感到颓丧。这个过程必然涉及他人，是在与他人的比较中产生。与杰出的古人或身边的人物相比而感到羞耻的情形，虽说在杜甫的诗中尤为多见，但并非杜诗独有。杜甫却在此诗中连面对鸟儿都感到羞耻。与鸟相比，人无疑处于优势。可是鸟有定居之地，自己却没有。这样的自己，只好对鸟儿心怀羞愧了。在后文中我们还会看到，杜甫对林中的花儿也抱有羞愧之意。从杜甫把花鸟当作感到羞愧的对象这种心理描写中，我们是否可以窥察到杜甫的世界观——对人与花鸟之类的自然物，都应该一视同仁。人与花鸟原本一体，但恰恰是彼此的不同令诗人产生了羞愧感。

山水之旅

从同谷出发到成都，是在严冬腊月带领幼童走完的旅程。继《发同谷县》之后，十一首诗都以途经地名为题目。在向南迁移的行程中，最初的难关是一座名叫"木皮岭"的山峰。攀登的艰苦不堪言状，尽管是冬天，仍然热到冒汗。群峰环绕，无数岩石裸露着。天下的山不止五岳，无名之山也如此险峻，那种气势似乎要冲破天空劈裂大地。猛兽的吼叫四处回响，令人心惊胆战。杜甫如此一一描述。

翻越山岭来到嘉陵江。走下峭壁，在叫作"白沙渡"的渡口乘船。马匹也一起乘船过江。昏暗的水上之旅仿佛要通往银河。岸边饮水的猿猴呼朋唤友。澄清的江水令人心情平静，但这也不过片刻时光，诗人只能目睹大浪拍击高耸的山崖。

诗人再度上马赶山路。虽已入夜，但未到驿站不能停歇。月落无明，山路陡峭，眼前出现一条大河，翻腾的波浪让人想到昏暗的大海。一行人来到渡口"水会渡"上船。黑暗中船夫一边放歌一边撑篙，仿佛在嘲笑浪涛似的。

旅程还在继续。悬崖高耸两侧，人沿着中间细线般的小道前行，来到一处名为"飞仙阁"的建筑。冬日的太阳远远地发出朦胧的光，强风怒号一般地刮进来。诗人和其他旅客同处一室，在这如地底般冰冷的地方歇息，人马俱疲。诗人还忍不住对妻儿唠唠叨叨："为什么把你们也带来了？"

"五盘"山虽然路途险阻却风景宜人。往上可以看到高高的栈道，往下可见水边的树木。那里的人居住在树上，过着淳朴的生活。观此情景，诗人的心情也得到片刻舒缓。

嘉陵江从"龙门阁"往下一泻千里，岸边的峭壁上不见分毫土壤。从远古时代一直刮到今日的大风，掀起了大浪。抬头看蜿蜒的小路，仿佛一缕垂下的丝线。从浮桥上踏过，顿时头晕目眩，一旦坠落就会丢掉性命。人只要活着，肯定会经历数次危险，我们就把这次看作杜甫最初的体验吧。

虽然还是十二月,但一天的时间已经开始变长了。山中的落日染红半边天空。早已绽放的花草提醒行人蜀国就在前方。河流中奇石遍布。"石柜阁"正对着水面高高耸立。

"桔柏渡"有座长长的竹桥,被风一吹就摇摇晃晃,桥下的急流打着漩涡。水路在此告一段落,一行人又踏上山路。"剑门"即剑阁山。其西南方向山峰连绵,岩石的棱角都朝着北方露出尖牙。由于这些险山峻岭的阻隔,蜀地俨然另一方洞天,后来却变成权力争夺的地方。中原与蜀地的抗争,都源于此山造成的两地隔绝,创造出这重重险山的造物主应该受到惩罚。削平这些山,战火不就止息了吗?如此想入非非都毫无意义,诗人只好迎风叹息。

诗人遇到的下一座山是"鹿头山",艰险的旅程也到此为止,他的眼前出现了一片开阔的平原。

到达成都

十二首诗的最后一首为《成都府》。将近一个月艰苦卓绝的旅行终于结束。此地的山水不同于诗人所熟知的山水,这令诗人切实感到自己来到了另一方天地。诗人眼中净是陌生的人群，不知归期是何时。这是一个房舍鳞次栉比的大都会，街市的喧闹不绝于耳。时隔一月来到人群聚集的熙攘之地，然而诗人的心情并未得到放松。旅行从前就有，并非只有自己在痛苦。——甫抵成都的诗人，相比心中的宽慰，感受更多的是对这座陌生城市的不适。尽管如此，漫长的旅途业已告终，诗人在新的土地上开始了新的生活。

第四章 成都岁月

第一节

在蜀地的日子

蜀国之地

杜甫在以成都为中心的蜀国，居住了共计五年半左右。这是他流浪的后半生中为时最长的一段定居。位于长安西南方向的蜀国，既不同于黄河中游的中原，又有别于长江下游的江南。据说这个四周与外界隔绝的地域，曾孕育了与黄河文明不同性质的蜀地文明。在以中原为中心的历史记录中，蜀国出现得并不算早，应该是到战国时代之后了。众所周知，三国时代此处是刘备的根据地。魏晋南北朝时期，在蜀国没有发生什么撼动历史的事件。从很少直接卷入中原斗争的角度来说，蜀国堪称一方净土。

事实上在安禄山挑起兵乱时,玄宗出逃的目的地就是蜀国。那是杜甫迁往成都仅仅三年前的事情。玄宗之所以选择蜀国为避难之所,大概也是因为此地的隔绝;而杜甫历尽艰险硬要迁往蜀国的原因,估计也是受到此种想法的引诱——在蜀国一定能找到安稳的生活。

建造浣花草堂

杜甫抵达成都是在乾元二年接近尾声的时候。他们一行人暂时寄宿在郊外的一座寺庙里。当时的寺庙还具有接纳士人,供其临时居住的功能。有熟人接济白米,也有近邻分给他一些菜园的时蔬,此地更有可靠的朋友。年轻时曾与杜甫结伴在各地游览的高适,此时就在毗邻成都的彭州担任刺史(州的长官)。

新年过后的上元元年(760),杜甫在周围人士的援助下,于浣花溪畔建造了一处居所。据杜甫诗中记载,新居的营建得到了"王十五司马",即姓王排行十五、任司马之职人士的资金援助。据说他们有一些亲缘关系,但不闻其详。他还写诗送给人索要装点新居的树苗,对方是一位县令(县的长官）或者县尉（县令的属官），具体是哪个县的长官或属官不得而知。对于被索要者来说，虽然不闻杜甫之名，但看在杜甫来自京城的分儿上，也只能无可奈何地予其所需而已。不过也正因此，他的姓名被杜甫写进诗中得以流传千载。

浣花草堂是杜甫第一次拥有自己的家园。后来随着杜甫诗名大涨，浣花草堂也得到了扩建，如今以"杜甫草堂"之名成为纪念杜甫的观光景点。除此之外就再没有作为杜甫故居的建筑流传下来了。

宁静的日常

浣花草堂位于成都西郊。在名为浣花溪的小河畔有个小村庄，村中的道路并非纵横交错、井然有序，而是在朝着不同方向随意建造的门户之间自然形成的一条条小径。鸡犬也在宅院之间自由出入，不回自家而在别人家憩息良久。这情形仿佛远古时代的聚落原模原样保留下来一般。

清江一曲抱村流，长夏江村事事幽。

自去自来堂上燕，相亲相近水中鸥。

老妻画纸为棋局，稚子敲针作钓钩。

多病所须惟药物，微躯此外更何求？

清澈的河水绕了个弯将村庄环抱。悠长夏日里，河边的村庄万籁俱静。堂上燕子飞来飞去忙个不停，鸥鸟紧靠在一起。老妻在纸上画线充作棋盘，幼子敲打缝衣针制作钓钩。多病的身体所需的只有药，卑微的我还能索求什么呢？

这首《江村》是描写浣花草堂夏季一天的佳作。诗从以浣花溪为中心的村庄地形开始写起。村庄为清澈的浣花溪所环绕，仿佛被大地慈爱地包围。在安详而慵懒的夏日午后，暮色迟迟，时间缓慢。

村里只有动物在活动。堂上的燕子或许是在筑巢，或许是在哺育雏鸟，忙碌地飞来飞去。河里的水鸟相互亲近显得和睦恩爱。这些都是成双成对的鸟儿。

随后诗人的视线移向屋内的妻子身上。或许是依照丈夫的吩咐，妻子正在用纸制作棋盘。孩子用针制作钓钩，要在眼前的河里钓鱼。杜甫一家的生活接近隐士。下棋垂钓表达的不过是千篇一律的隐逸生活，而此处的棋盘和钓钩都是用现有物品临时制成的。虽说是在自家宅院居住，但毕竟是经过漫长旅程之后安顿下来的居所，生活用品尚不齐全。在亲手制作工具的细节中，显示出生活的实际状态。不仅如此，下棋和钓鱼都不是当下的活动，现在准备工具，接下来才去做，准备的过程伴随着对不久后才将发生的事件的期待。孩子一定是怀着雀跃的心情把缝衣针加工成钓钩的吧？不过杜甫夫人的表情与孩子不尽相同。关于此句，笔者曾见到过一种解释，说夫人是满面笑容地制作棋盘。当然诗歌的解释因人而异，我的理解并非如此。我认为妻子是受杜甫嘱咐，不得已才画线制作的，即使没有显示出不情愿的样子，也应该是面无表情默不作声地在纸上画线吧。跟随杜甫一起受苦的妻子，终于迎来了安稳的日常。在这日常中她当然体会着幸福，只不过是平淡地接受。我们眼前浮现出的，是一个受生活所迫而消瘦憔悴的老妇人形象。

最后两句写到多病的身体除了药之外别无所求，表现出诗人对江村边宁静生活感到满意和自足——虽然不富裕，但也足够了。不过诗人又接着写下"此外更何求"，提出反问的行为本身，可以理解为诗人对这种生活并不完全满足。这里的描写包含着某种达观——诗人并没有说"这才是理想的生活",而是"权且把这也看作一种活法来体验吧"。

不安的阴影

在浣花草堂居住的时期,是杜甫一生中最安定、内心最为平和的日子,然而其中也不能完全排除不安的因素。题为《狂夫》的诗中如下写道:

> 万里桥西一草堂,百花潭水即沧浪。
> 风含翠篠娟娟净,雨裛红蕖冉冉香。
> 厚禄故人书断绝,恒饥稚子色凄凉。
> 欲填沟壑为疏放,自笑狂夫老更狂。

位于万里桥西边的一所草堂,百花潭水堪称沧浪。随风摇曳的翠绿竹叶柔软而清新,雨水浸润的红莲散发出缕缕清香。领取厚禄的朋友中断了书信,整日饥肠辘辘的幼子脸色苍黄。就算掉进水沟惨死也无所谓,我原本就头脑不正常,老了更要自嘲这种不正常。

诗的前半部分描写适合隐居的草堂宅院和风雨中的翠竹、莲花等植物。不知"百花潭"是浣花溪的支流还是干流,总之在这里将其与"沧浪（绿水）"——《楚辞·渔父》中的"沧浪之水"相结合，来说明此地是适于隐逸的环境。

然而此诗到了后半部分氛围突变，与清净的隐居生活相去甚远。全家赖以为生的接济被朋友中断了。初抵成都时有"故人供禄米"（《酬高使君相赠》）——亲近的友人会向自己接济禄米，慢慢变得冷淡也是人之常情，但孩子也因此营养不良。陷于经济危机中的诗人有些自暴自弃。

蜀地之乱

蜀国因其隔绝的地形不易受到中原政局的影响，但是蜀国内部也会发生冲突与动乱。这些不可避免地给杜甫平静的生活带来影响。

上元二年（761），梓州（四川省三台县）刺史段子璋叛乱，袭击了驻在绵州（四川省绵阳市）的东川节度使李奂，并留在当地建立了伪政权。自称梁王的段子璋受到成都尹（成都长官）崔光远的讨伐，并被崔光远的手下大将花敬定轻松歼灭，然而花敬定又占据了绵州。

翌年，即宝应元年（762），成都少尹（副长官）徐知道叛乱。不巧身在绵州的杜甫回不了成都,他的家人留在浣花草堂,而他独自留在绵州,后来又去了梓州,就这样辗转于蜀国各地。他并非一直都在浣花草堂居住。

第二节

近物情

新的视点

虽然杜甫在成都居住时期生活并非始终安宁,但他确实有幸度过了一段相对平静的日子。他在一首题为《屏迹》——从世间遁迹潜形——的诗中这样写道:

> 用拙存吾道,幽居近物情。
>
> 保持笨拙的态度,恪守自己的活法。潜匿自我就能觉察周围事物的特质。

"物情"大体是指事物本来具有的心性、本性、本质,这些在嘈杂的日常都难以觉察。但只要在隐秘和宁静中生活，周围的事物就会轻声细语地向人诉说。诗人应该用心倾听，这样一来自身与事物的距离就会骤然缩小。

描写小动物

这一时期，诗人开始以新的视点观察外界，特别是在描写小动物方面尤为显著。

> 无数蜻蜓齐上下，一双鸂鶒对沉浮。[1]
>
> 不计其数的蜻蜓成群结队一起飞上飞下。一对鸳鸯面对面在水里潜入浮出。

上句描写水面上方的空中，蜻蜓群好似听从命令一般上下行动，有条不紊、整齐划一。这个景象说起来并不陌生，但在诗人笔下显得生动鲜活。下句描写水面上的水鸟结伴沉浮的动作。不论是蜻蜓还是鸳鸯，它们究竟是出于什么目的而如此行动呢？特别是鸳鸯的样子，我们只

---

[1]《卜居》。

会觉得是在嬉戏。即使蜻蜓不是在游戏，两者也无疑都是遵循本性的自然行为。在《卜居》即决心于此地建造房舍的诗中，小动物们轻快自在的动作，似乎预示着此处明朗的生活。

> 暂止飞乌将数子，频来语燕定新巢。[1]

飞来此处做片刻停留的乌鸦带领着几只雏鸟。频频啼叫的饶舌燕子要在这里营造新窝。

> 细动迎风燕，轻摇逐浪鸥。[2]

燕子迎着逆风在空中慢慢飞动，江鸥随着波浪轻轻摇动翅膀。

《江涨》一例中，上一句是平静中伴随着微小的动作，下一句是水平方向上的小幅度上下运动。

> 细雨鱼儿出，微风燕子斜。[3]

蒙蒙细雨中鱼儿浮出水面。软风吹拂中燕子斜身飞过。

---

[1]《堂成》。
[2]《江涨》。
[3]《水槛遣心二首》其一。

鱼和燕子似乎都在为风和雨感到欢喜。

> 仰蜂黏落絮，行蚁上枯梨。[1]
>
> 蜜蜂仰面朝天黏着在飘落的柳絮上，成队的蚂蚁在枯凋的梨木上爬行。

蜜蜂与蚂蚁都不含任何寓意或象征，只是作为身边的小动物，让诗人来描写它们的生态。

此处列举的自然描写，似乎在杜甫成都时期的作品中尤为突出。诗中的小动物没有被人赋予特殊意义，诗人所写都是其被观察到的原有姿态。这种自然描写，在中国文学中实属罕见。这便是"近物情"的意思吧。诗人试图虚心地理解和把握外物原本具有的状态和姿形。在人与外界的关联中，杜甫的这种态度是具有划时代意义的变化。而此种变化在这个时期凸显出来，是置身异地让诗人变得感性敏锐，加之有闲情能够从容地仔细观察周围事物的结果吧。

前文已经提到，杜甫在秦州时曾把身边的自然描写成一

---

[1]《独酌》。

种如幻象般诡异的光景；在成都却用如此温暖的笔触描写小动物，可见写景时投射着作者的感情。

第三节

自谑与诙谐

幽默的谱系

文学与幽默之间本来就存在某种默契。优秀的作品往往会令人忍俊不禁。即使是满眼汉字的中国古典文学，幽默也不可或缺。如果要指名道姓，则首推陶渊明。"祭文"本应用来悼念逝者，他却用这种体裁写了悼念自己的《自祭文》。另有《拟挽歌辞》，把自己从死去到被埋葬的过程夹杂于挽歌之中。两篇都是想象自己过世的作品，显示出陶渊明对于死亡超出常人的强烈兴趣和恐惧，而细致地想象和详尽地描述自己死亡本身，则暗含一种近乎极致的幽默。

陶渊明还有一篇《闲情赋》，描写自己希望变成美人身上的各种器物而均以失败告终。赋的题目表示抑制邪念，但也是徒有其名，实际上是理性操控色情的诙谐文学。陶渊明的幽默不仅仅体现在这些近似戏作的作品中。《归去来辞》一文抒发了陶渊明辞官归乡的决心，是他的代表作，记述了他归家的路途和受到孩子们迎接的情形，以及在家度日的安闲心情。作者结合家园内外的氛围，将这种心情描写得美丽而安宁。这篇文章就为官还是归隐的问题做出了决断，看来确实不含丝毫的幽默。然而《归去来辞》有序在先，叙述了一开始做官的契机到最终辞官的始末，这篇序文十分幽默。《宋书·陶潜传》里写的是"我不能为五斗米折腰向乡里小人"而毅然辞官，然而序的内容与之大相径庭，接二连三地列举出这个男人的缺点：无论是做官还是辞职，都只听从旁人的意见，既无主动性又无生活能力，优柔寡断，拖泥带水。这无疑是陶渊明刻意塑造的一个形象，这个不可救药的男人形象已经足够滑稽了，如果与《归去来辞》正文中干脆爽快的措辞相比较，就显得更加可笑。陶渊明正是中国古典文学伟大的幽默先驱。

若论幽默的谱系，陶渊明的继承者便是杜甫，而杜甫的延续则为苏轼。尽管各自的幽默有本质上的差异，但是我们会发现，如果从幽默这个视点来看，卓然超群的依然是这几个中国文学的高峰人物。尽管"一生悲愁"，但杜甫也足以承担起这个评价。让我们从杜甫创作于成都居住时期的作品中来发掘其中的幽默吧。

大风掀翻屋顶

仲秋八月的某日，发生了一起飞来横祸——浣花草堂的屋顶被大风吹散了。《茅屋为秋风所破歌》记叙了整个事件过程。

> 八月秋高风怒号，卷我屋上三重茅。
> 茅飞渡江洒江郊，高者挂罥长林梢，下者飘转沉塘坳。
> 南村群童欺我老无力，忍能对面为盗贼。
> 公然抱茅入竹去，唇焦口燥呼不得，归来倚杖自叹息。
> 俄顷风定云墨色，秋天漠漠向昏黑。
> 布衾多年冷似铁，娇儿恶卧踏里裂。
> 床头屋漏无干处，雨脚如麻未断绝。
> 自经丧乱少睡眠，长夜沾湿何由彻！

八月里秋天的狂风在空中怒吼，掀起了三层茅草做的屋顶。茅草飞到河对岸，零七碎八地散落下来，有的挂在树枝上，有的掉在地上泡在水里。南村顽童们看我年老无力，就在我眼前若无其事地偷盗，抱着茅草钻进竹林里。我喊得嘴巴都要撕裂了却无法制止，没有办法只好回来，拄着拐杖叹气。不久风停了，阴天一直持续到晚上。单薄的被子冰冷得像铁一般，还被睡觉乱蹬的孩子蹬得破破烂烂。没有屋顶所以到处都淋得湿漉漉的，如注的大雨没有丝毫要停的样子。自从战乱以来就没有睡过好觉，这湿淋淋的叫人如何挨到天明？

从上述部分的诗歌大意，我们可以体会到悲惨之中的一丝滑稽。跟在偷走茅草的小孩子后面追赶的年老之身，这个可怜的形象被诗人戏剧化了。

然后在诗的结尾，诗人放出了两句大话。

安得广厦千万间，大庇天下寒士俱欢颜，风雨不动安如山。

呜呼！何时眼前突兀见此屋，吾庐独破受冻死亦足！

就不能设法弄到千万间大房子，让天下的穷人都住进来一起露出笑颜吗？无惧风雨，像山一样结实的房子，啊，什么时候眼前能突然出现这样的房子，就算只有我自己的茅屋残破不堪，我自己冻死也无憾了。

诗人表示，如果有堂屋能让"天下寒士"都住进来，自己冻死也无所谓。

继承者白居易

杜甫的这种思路，被白居易原原本本地继承下来，而且每隔十年用一次，总共用了三次。最初是白居易于四十岁左右所作的《新制布裘》。——用上好的布料做了件大衣，有此物就不惧严寒，可以时时被春天般的温暖包裹。可是诗人突然陷入思考：一个男人不能只顾自己，还得广济世人。随后的四句这样写道：

> 安得万里裘，盖裹周四垠。
> 稳暖皆如我，天下无寒人。

能不能弄到长达万里的外套，包裹四方无一遗漏。让人人都同我一样温暖舒适，天下再无受冻之人。

在这之后，白居易于五十一岁时创作的《醉后狂言，酬赠萧、殷二协律》中也可以看到同样的构思。——自己作为杭州刺史，身穿暖和的衣服，而在官府效劳的萧君与殷君二人穿着总是不尽如人意。自己制作了皮衣赠予二人，也不过是一点点恩惠。自己这里还有不为人知的巨大皮衣，制作材料是法度与仁政。如果此物做成，就能温暖全杭州人。诗人提出只有仁政才是惠及大众的手段，此处的比喻中也用了巨大的皮衣。

此外，白居易六十岁于河南尹任上之时所写的《新制绫袄成感而有咏》一诗亦是如此。他感叹自己身裹新制的温暖冬衣，而百姓却正在饥寒交迫中挣扎。于是他盼望能有一袭一万丈的大裘衣，覆盖洛阳全城。

渴望得到巨大的裘皮以包裹万里，或者覆盖整个杭州城、洛阳城的夸张想象，用它温暖天下百姓的愿望，白居易将此两项内容同时放在一首诗中描述，与杜甫的"茅屋"诗相同。很明显，白居易继承了杜甫的诗意，他敏锐地注意到杜甫的新奇思路并加以模仿实践。

在两人的诗中，普济众生的想法是共通的，只看内容确实如此，不过隐隐约约仍能感到区别。区别并非在于含义与内容，而似乎在于语言的感觉。与其把双方笼统地归于一类，说两人都怀有博爱思想等，倒不如去发现两者的不同，这才是阅读诗歌的关键所在。

幽默的有无

幻想出现不可能存在的东西，盼望以此物拯救百姓，这些内容是杜诗与白诗所共通的。不同之处在于杜甫的诗具有幽默感，而白居易的诗却读不出些许风趣。这个差别非同小可。当我们思考为何会产生这种差异而重新审视他们的诗作时，会发现两首诗从开头就已有了不同。即杜甫是在悲惨的境遇下突发奇想——屋顶的茅草被大风吹跑，又被村里的顽童抢走，人在风吹雨淋的家中因为寒冷而颤抖。相比之下，白居易写三首诗的时候均贵为地方长官，全身上下被暖和的冬衣包裹。白居易说的是想把自己享受到的舒适分享给更多的人们；而杜甫是在没有屋顶的房子里瑟瑟发抖，还念叨着别人有救自己便会满足。两位诗人所处的环境截然不同。可以认为，白居易养尊处优还能怜悯百姓，已经弥足珍贵。但这并非孰高孰下的讨论。问题在于描写同样的内容，诗的效果竟然有如此明显的差别。似乎白居易的文学一般被认为富于幽默，而事实却非如此。与他同时代的韩愈，在幽默方面要丰富得多。为什么白居易缺乏幽默要素呢？答案就隐藏在与杜甫描写同一题材的诗作之中。即白居易的诗，不会把自己戏剧化。

自我戏剧化

且说构成杜甫幽默的重要因素，在于自我戏剧化。仅从《茅屋为秋风所破歌》一首来看，描写抢草孩童与追赶孩童的老人形成对比的四句：

> 南村群童欺我老无力，忍能对面为盗贼。
> 公然抱茅入竹去，唇焦口燥呼不得。

这里出场的老人，被戏剧化成既可怜又滑稽的形象。

在诗的末尾，诗人打乱节奏，以连珠炮般的口气说道：如果能救济很多人，自己冻死也无关紧要。在这里诗人刻画出多重的自我形象：缺衣少食横死街头的自己；怀着夸张的幻想陶醉于自我牺牲的自己；将陶醉的自己塑造为滑稽形象的另一个自己。诗人在没有屋顶的家中被淋成落汤鸡，在寒夜中不能入睡。将如此悲惨的境遇滑稽地描写出来，正是杜甫作为表达者真正的价值所在。

第四节

为花而狂

成都花

如前文所述，诗人在长安任左拾遗一职时，曾写下《曲江二首》，其一似乎暗含了为官的郁闷。诗人来到成都，在没有朝政束缚的情况下，仍然写诗抒发为春花近乎发狂的心情。人们对花的钟爱自古以来恒久不变，杜甫也不例外，但他的特异之处在于所描写的绝不是安安静静地赏花这件事，而是达到近乎狂乱的精神状态。

上元二年，诗人在成都迎来第二个春天，写下《绝句漫兴九首》。"漫兴"意即趁着兴致作诗。而且从采用七言绝句这种自由的诗体来看，应该是不拘格式的轻松风格。这种风格摆脱了赏花诗的定型，适合表达自暴自弃的心情。也正是基于这种诗体，里面混杂了不少类似俗语的表达。虽说如此，从九首诗的连贯性上可以看出，尽管表面上显得很随意，实则诗人对诗歌的整体构成颇具匠心。

> 眼见客愁愁不醒，无赖春色到江亭。
> 即遣花开深造次，便教莺语太丁宁。

> 看到人无法排遣旅愁，无赖的春天来到这河边的亭子。它让花绽放得十分唐突，还让黄莺啼叫个不停。

把春天比作恶人

"眼见客愁愁不醒"一句，笔者将其理解为春天看到旅人即杜甫在旅愁中不能自拔，即通过拟人化的春天，关照旅人的心情。"无赖"同样是本应用于人的词汇，而杜甫在其他诗中也用来形容春天和花。

> 韦曲花无赖，家家恼杀人。[1]

---

[1]《奉陪郑驸马韦曲二首》其一。

> 在长安郊外的景胜之地韦曲,那里盛开着无赖的花,挨家挨户地惹人烦恼。因为毫无缘由地给人痛苦,所以叫"无赖"。

剑南春色还无赖,触忤愁人到酒边。[1]

> 剑阁山南的春光也足称无赖。当人正心怀悲戚地饮酒饯别时,春天不合时宜地突然闯入,似乎要再增添几分悲伤。

这两例"无赖",都是春天或者春花对人"使坏"的例子。春天或者春花是令人心痛的东西。《绝句漫兴九首》其一也是同样。它们看准了旅人深陷旅愁,因而故意带来春景,让人愁上加愁。

此后,出于恶意的具体行为还在继续。花开莺唱都是春天的标志,都是受到被拟人化的春天的驱使。不过花开得太过唐突,令人惊骇,黄莺鸣叫得太过婉转。花开令人高兴,莺唱也让人愉悦。只是春天的动作,其速度和数量都过度了。其实认为"过度"的是诗人。如果对带来舒适的春天太敏感,就会因超过适当的量而感到不快。对于杜甫来说,春天是可憎的、坏心眼的生物。与其说这是将春天拟人化,倒不如说

---

[1]《送路六侍御入朝》。

是拟恶人化更为贴切。

《绝句漫兴九首》其五如下写道:

> 肠断江春欲尽头,杖藜徐步立芳洲。
> 颠狂柳絮随风去,轻薄桃花逐水流。
>
> 河畔的春天将逝之时,悲伤令人肝肠寸断。拄着拐杖,慢慢地来到春草芬芳的中洲。狂舞的柳絮被风吹散,桃花漂浮在水面流走。

这里描述的是即将逝去的春天。原本代表美好春色的"柳絮""桃花"也被赋予人格,被视为"颠狂""轻薄"的恶劣之人。在空中发疯般飞舞的柳絮,一定是脑子出了问题。轻易凋谢随水漂走的桃花,就是个轻佻的家伙。"桃花流水"这个定型的审美,轻而易举地被颠覆了。

对春花的强烈感情

"颠狂"的不只是柳絮。杜甫还有诗写四处寻找春天的自己也变得"颠狂"。《江畔独步寻花七绝句》其一如下写道:

> 江上被花恼不彻，无处告诉只颠狂。
> 走觅南邻爱酒伴，经旬出饮独空床。
>
> 河畔的春花惹人无限烦恼，无处倾诉令人发狂。跑去寻找南邻的酒友，只见家里空床一张，才知他接连十日都在外饮乐。

关于这位不回家的醉汉，在杜甫的自注中可见"斛斯融"的名字，另据其他诗中的信息，此人依靠撰写碑文等"卖文"活动维持生计。杜甫在浣花草堂周边也乐于与奇人交往。

一人无法承受，几乎发狂——诗人如是倾诉。花令杜甫烦恼，但是"恼不彻"——一直烦恼却没有了结，这样说显得杜甫是在寻找春天给自己带来的懊恼。一边被花折磨，一边不得不寻花。《江畔独步寻花七绝句》其七就显示出杜甫对春花的感情是多么强烈。

> 不是爱花即肯死，只恐花尽老相催。
> 繁枝容易纷纷落，嫩叶商量细细开。
>
> 并不是说爱花爱得就要死，只因害怕花儿凋谢催人老去。压弯枝头的繁花都已凋谢，嫩叶像商量好似的紧随其后悄然舒展。

落花与衰老重合

杜甫对春花的恐惧,在于落花与自己的衰老相重合。一般来说,从凋谢的花中感到悲哀,源于自然生命的衰颓所引发的对自身衰老的感受。然而落花惜春,是一种平静的悲伤,只有在杜甫身上显得如此强烈。如果从定型化的审美角度来看,则无法理解杜甫对花的认识。

为什么杜甫看到花会抱有如此强烈的感情呢?其根源似乎在于自然与人的角逐。自然展现出美好的春季,相比之下自己显得太过孱弱寒酸。自己被自然征服,却又不愿接受被自然征服的自我。或许正是这种内心的抗争,让杜甫写出了独特的诗句。

杜甫晚年的《早发》诗写于在南方泽国漂泊的途中,描写了在一个迫于生计不得不转徙他处的早晨,出发准备得不尽如人意,时而焦灼时而消沉的心情。其中夹杂着以下四句。

> 仆夫问盥栉,暮颜靦青镜。
> 随意簪葛巾,仰惭林花盛。

仆人询问我是否已经洗过脸。人至暮年,镜中脸色晦暗。用簪子把头巾随便地别住,回首仰望林中盛开的花顿觉羞愧。

自己年老且居无定所,而春天遵循自然的秩序有条不紊地开出花朵。面对自然的正常运转及其具体显现,诗人内心只有"惭"愧之念。面对花感到"惭"的心情,与前文所述的看到鸟儿感到羞愧的情形相同(《发同谷县》),都极为特殊。此处显示出杜甫独特的自然观。自己,或者说人类,本应与自然以及外界处于对等关系。然而此刻,与开得正盛的花相比,自己显得太过寒酸。诗人将这种自卑感,用"惭"字表达出来。这与定型的审美——把春天的风景作为美的对象加以欣赏——天渊悬隔。在定型的审美中,春景和人之间不存在紧张关系。而杜甫则以对抗的姿态看待春景,与春天直接正面相对。正因如此,杜甫不能以温和的心态赏玩春花,总是内心烦乱几欲成狂。

独特的自然观和世界观

杜甫看待春景与春花的态度,如果进一步展开来说,也可以与杜甫的自然观和世界观联系起来。在杜甫的理念中,人是自然的一部分，因此人必须与自然互相等质地融合。通过与自然融为一体，人才能实现其本来的状态。自然按其规律有条不紊地运行，可是人以及人的世界却不尽然，即没有实现应有的状态。对于自然与人的不一致，杜甫不能泰然处之。他所在时代的混乱，与运行井然有序并充满严肃和美感的自然相去甚远。杜甫的大部分诗都抒发了对于世界混乱的愤怒，而愤怒来自他的这种自然观。正是对于自然与外界的此种态度，使杜甫成为杜甫。他与世界的抗争，也体现在为花而狂的心理状态上。

第五章 再启漂泊之旅——顺长江而下

第一节

下长江——从成都赴夔州

严武与杜甫

杜甫在蜀地居住的时间，如果包括在梓州的一年，则长达五年半。杜甫在后半生的漂泊中得以在此长期逗留，其原因应该归结于节度使严武这个强大的后盾。但是严武与杜甫的关系仍有令人费解之处。

据新旧《唐书》记载，严武的父亲严挺之系开元年间的高官，承蒙恩荫而获官的严武虽为名门子弟，却性格偏激、心胸狭隘。

关于严武与杜甫的不合之说，最早见于晚唐范摅记录诗人逸事的《云溪友议》。据书中记载，酒醉的杜甫曾说出"没想到严挺之竟有这样的儿子"之类的话，令严武不快。严武的母亲担心两人关系恶化，儿子早晚会杀掉杜甫，于是安排小船让杜甫离开了蜀地。此书甚至还记录了一段颇为离奇的传闻，说李白描写入蜀道路之险阻的《蜀道难》，其实是为杜甫的平安担忧而作云云。

《旧唐书·杜甫传》也有记载，严武造访浣花草堂时，杜甫未着冠就来见客，态度不逊，多有怠慢，因此二人产生了嫌隙。在《新唐书·杜甫传》中还有更多记录，说严武某日盘算着杀掉杜甫，幸亏左右阻止，杜甫才得以平安无事。《新唐书·严武传》也有"最厚杜甫，然欲杀甫数矣"的文字。严武一边给予其最慷慨的庇护，一边又欲夺其性命，两人之间爱憎交织的关系由此可见一斑。

杜甫与严武这段令人不安的关系，在近年的杜甫传记中，要么几乎被否定，要么被忽视。然而，就算只是一段编造的故事，也能反映出严武与杜甫的关系并非始终良好。就算心气颇高的杜甫对待名门出身的严武没有用像对待其他文人一样的态度也不足为奇。两人之间有过诗歌的往来应酬，但据《旧唐书·严武传》记载，严武并没有什么才学修养。

可爱的人们

杜甫从内心深处感到亲近和可爱的人们，都不具有生活能力，而且被社会抛弃，但是他们都以自己的个性自在地生活。例如李白、郑虔、居住在浣花草堂附近的斛斯融等。斛斯融是卖文换酒的无名之辈；郑虔为玄宗朝彗星般横空出世的才子，诗文自不必说，还精通音乐、绘画、书法，甚至地理、医学、药学等，实为多才多艺之人。由于钟爱郑虔的才华，玄宗特意为其开设了广文馆并任命其为广文馆博士。郑虔虽然受到皇帝的重用，却受到官界的冷遇，最后被发配至台州（浙江省临海市）并在那里去世。长安时期的杜甫与这位一身官服都包不住才华的奇人有过亲密来往，他在《醉时歌》中用温和而充满幽默的笔触描写了这个显得笨拙，到头来自己受损失的人物形象。

> 诸公衮衮登台省，广文先生官独冷。
> 甲第纷纷厌粱肉，广文先生饭不足。

许多人都得到了中枢显要之职，唯独广文先生做着冷官闲职。大宅里人头攒动，个个吃腻了珍馐美味，而广文先生连饭都吃不饱。

在如此开头之后,诗的中间部分如下:

> 但觉高歌有鬼神,焉知饿死填沟壑。
> 相如逸才亲涤器,子云识字终投阁。

高亢的歌声如同鬼神附身,就算饿死,尸身填埋水沟也无所谓。西汉文豪司马相如带着卓文君在酒馆洗碗碟,西汉末年的学者扬雄就因为识字,被怀疑解读出篡位者王莽的符命,最后还是坠楼而亡。

自古以来,怀才不遇已为常态。诗人用诙谐的诗句慰藉郑虔,以及比郑虔更加穷困的自己。李白、郑虔、斛斯融等杜甫所钟爱的人物是否的确如此无关紧要,重要的是杜甫这样理解他们、塑造他们。这里体现出杜甫的人物观。

与庇护者的关系

既然杜甫与这些因不合体制标准而毕生怀才不遇的人士意气相投,那么他与严武这样拥有良好出身和地位的人物自然合不来。虽说如此,但杜甫在后来作于夔州的《八哀诗》中,悼念他人生中所遇到的八位显贵里也包括严武，把严武当作恩人来追忆。对于严武的恩惠，杜甫也算尽到了礼数，不过是否怀有发自内心的亲密之情就不得而知了。

即便如此，严武想要杀掉杜甫的说法，还是非常令人震惊。查阅唐代的记录，我们会不时地遇到以现代人的观念难以理解的事情。我们无法确认杜甫与严武之间是否存在争执与摩擦，只知从此以后，杜甫与庇护自己的地方长官屡屡发生冲突。总之，诗人与庇护者之间的关系容易变得尴尬。

离开成都

宝应元年严武被朝廷召回之后，杜甫迁往阆州（四川省阆中市），他已经决定离开蜀地了。就在广德二年（764）正要动身起程之际，诗人得知严武再次获任节度使并将从长安回成都的消息，于是决定返回成都的浣花草堂。

殊方又喜故人来，重镇还需济世才。[1]

---

[1]《奉待严大夫》。

故人要来此偏远之地的消息令人欣喜。蜀国这样的要地还需经世济民的人才。

本来杜甫收拾行囊正要离开此地南下，此时又想见到严武。因为能够敞开心胸倾诉衷肠的朋友，除了严武以外再无他人。似乎至少在两人面对面的时候，杜甫对严武在物心两面都十分依赖。

杜甫返回成都加入严武幕府，得到一个形式上带有朝廷官阶的节度使下属检校工部员外郎的头衔。但他在翌年即永泰元年（765）正月辞掉了这个职位，到底是与严武发生了某种争执，还是厌倦了节度使麾下的职务，我们不得而知。

就在不久之后的同年四月，严武突然病逝。这也成为诗人离开蜀地的契机。

水边一夜

五月离开成都的杜甫，途经嘉州（四川省乐山市）、戎州（四川省宜宾市）、渝州（重庆市）进入长江干流，在忠县（重庆市忠县）龙兴寺稍事停歇，置备了船只，前往下游的云安（重庆市云阳县），途中写下的《旅夜书怀》堪称杜甫作品中的杰作之一。

> 细草微风岸，危樯独夜舟。
> 星垂平野阔，月涌大江流。
> 名岂文章著，官应老病休。
> 飘飘何所似，天地一沙鸥。

乘船旅行到了夜晚就把船系在岸边，人在船中过夜。夜深人静，杜甫一个人伫立在船舷陷入沉思。岸边的草在风中轻轻摇曳。仰头举目，只见朝着黑暗的夜空高高耸立的樯杆。如果将微微摇动的草看作杜甫内心的颤抖，那么屹立的樯杆就是杜甫决心与苦难抗争的意志。

诗人从停泊的船上凝视岸边，再仰望船上的樯杆，进而放眼眺望四周。满天繁星把光辉洒向大地，夜晚的平原显得开阔宽广。倒映在水中的月亮轻轻摇荡着，月光仿佛从水中涌出一样，而江水载着这片月亮不停歇地流淌。"星垂"一句关注的是自上而下投射的光线，而"月涌"一句描写的是自下而上发出的光线轨迹。星光被平原吸收，涌起的月光被流水揉碎而闪耀不止。

颈联下句写因为衰老的病身只能辞掉官职，这个解释应该确凿无疑。然而上句，名姓是否能借文学为世人所知，这样直译成日语，句意解释不限一种。名声是借文学向世间展示的东西吗？我作为诗人不是没有名气。然而堂堂男儿，在文学上的成就无甚意义，应该在政治上有所作为，可是官也做不长久。可以用这种理解来衔接下句，或者也可以解释为哀叹自己尚无诗人的名声：自己是否因文学为世间知晓？不，至今尚未闻名。无论是作为诗人还是作为官员都没有成就，而且今后也没有希望，这里表现出一种失意。无论是取哪一种解释，从此处都可以看出在杜甫的深层观念中，希望从文学和政治两方面来评价自己的人生意义。

如果理解为名声已为人知则无须赘言，即使理解为名声不为人知，也可以隐约看出其作为诗人的自负。问题的关键在于"著"，即自己是否为世间所知晓的存在。他并没有怀疑对于作为前提的诗歌成就。

可以将受风摆弄的自己比作什么呢——一只在天地之间飞舞的鸥鸟。回顾自己离开长安后长期漫无目的的流浪，只是重复着权宜之计以摆脱眼下的困境，与这被风蹂躏沉浮不定的鸥鸟别无二致。沙鸥是鸥科水鸟，在杜甫的诗中出现过十多次，算得上频频登场。不过比喻或者蕴含寓意的用法倒是很少见，较多出现在写景的诗句中。

细动迎风燕，轻摇逐浪鸥。[1]

再比如：

远鸥浮水静，轻燕受风斜。[2]

这些是将鸥鸟与燕子进行对偶，强调静动对比的诗句。

在《旅夜书怀》中，沙鸥"何所似"，很明显就是诗人自身的比喻，然而我们不应急于将其仅仅理解为无所依靠的比喻。首先，可以想象一幅沙鸥在水边寂寞飞舞的画面。鸥鸟与其他鸟类相同，成群结伴才是常态，杜甫也有使用"群鸥"的例子，但是此处的沙鸥必定形单影只。"天地一沙鸥"，在广无边际的天地中，仅有一只沙鸥孤零零地飞舞，因此沙

---

[1]《江涨》。

[2]《春归》。

鸥是一个孤独的存在。

　　这首诗无疑是诗人在回顾过往和预想前途时悲从中来的作品。他没有沉浸于悲戚之情，也没有吐露强烈的绝望。悲伤的主体与环境氛围融合在一起，并作为一个整体被静静地凝视。诗句看似平淡，却蕴含着深意。

　　我们由此可以看出杜甫诗歌的变化。诗人曾在《望岳》中，把泰山巍然屹立的雄姿看作世界稳固和谐的体现，并从正面与之相对。那种姿态在这里已经看不到了。又如《春望》，即使在"安史之乱"时，诗人也没有对自然与人的冲突表现出焦躁不安的态度。这里也没有如描写泰州自然风景时那种对诡异世界的不安和恐惧。由此可以看出外界与自我之间关系的显著变化。诗人内心要与世界相抗争的对立情绪消失了，外界与诗人自身合二为一。不过这种融合并非幸福的和谐，也不同于简单的醒悟。他平静地接受了现实世界和自我，上升到了情与景互相统一的更高境界。杜甫晚年的律诗中，这种展现出深度的作品越来越多。

第二节

夔州日夜

夔州城

诗人的船从成都出发,于永泰元年秋天到达云安。因为养病之需,杜甫一行不得已在此停留并迎接新年。从云安出发沿长江而下,在大历元年(766)的春末夏初来到夔州(重庆市奉节县)。他在夔州停留到大历三年(768)正月,时间长达一年零十个月。这是其漂泊旅程中,仅次于成都的长期逗留。写于此地的作品超过四百首,展现出其旺盛的创作力,无论是水准还是数量,都说明此时是其诗歌创作的重要阶段。

夔州属于唐代行政区划的山南东道,是该地区的军事重镇，下辖奉节、云安、巫山、大昌四县，州治（州府所在地）为奉节县。夔州位于三峡（自上游依次为瞿塘峡、巫峡、西陵峡）上游的长江左岸，长江在两岸对峙的群山中穿流而过，人家住户紧贴着左岸陡峭的山坡——这就是夔州的大致地形。尽管如此，相比沿江而下途经的忠县等地，这里的地势还是显得略微平坦。"且就土微平"（《移居夔州郭》），这正是杜甫在夔州落脚的理由。

夔州周边不乏奇景和名胜古迹。长江在此处江面变窄，巨石滟滪堆盘踞于此，仿佛要堵塞江流一般。其紧接的下游便是瞿塘峡的起始。岸边排列着被称为"八阵图"的岩石，据称是三国时期诸葛孔明垒石而建的阵形，水量增高就会沉没不见，水量减少又会重新出现。

再看这里的山，赤甲山、白盐山高高耸立，仿佛刺向天空一般。

赤甲白盐俱刺天。[1]

---

[1]《夔州歌十绝句》。

白帝城

在奉节县东边，俯视长江的位置上，雄踞着白帝城。这是由两汉交替之际割据称帝的公孙述建造的古城，三国时期蜀国刘备到此避难并驾崩于城中的旧事广为人知。杜甫在夔州停留的日子里曾多次登临此城，也写下不少诗作。其中的一首七言律诗《白帝》前四句如下：

白帝城中云出门，白帝城下雨翻盆。
高江急峡雷霆斗，翠木苍藤日月昏。

云被认为是在山洞里生成，最终又回到山洞。云从耸立在山顶的白帝城飘出，给城下的市镇带去倾盆大雨。暴涨的长江、险峻的峡谷发出雷霆般的轰鸣，绿树青藤枝繁叶茂遮天蔽日。夔州是一个雨水丰沛且阳光稀缺的地方。

夔州风土

虽然夔州群山环绕，下临长江，自然景观丰富，又有足以怀古的遗迹,但是此地气候恶劣,并不适宜生活居住。

　　形胜有馀风土恶。[1]

这里夏天的酷暑尤为难耐。杜甫也写了数首诗诉说炎热之苦。

　　瘴云终不灭,泸水复西来。
　　闭户人高卧,归林鸟却回。
　　峡中都似火,江上只空雷。
　　想见阴宫雪,风门飒沓开。[2]

含有瘴疠毒气的云雾久久不散去,如同沸水一般翻滚的泸水从西边奔流而来。盛夏天气万万不可外出,人只能紧闭门户,静卧房中避暑。连归巢之鸟都难耐酷热又飞了回来。炎暑之下,无处藏身。峡谷之内,遍地似火。江上只闻雷鸣不见雨落。在这闷热之中,想到的是宫殿的背阴处经久未消的积雪,以及开门的瞬间倏然吹进的凉风。啊,真想置身于那样的地方。

---

[1]《峡中览物》。
[2]《热三首》其二。

酷热天气在持续，空中滴雨未落，人身上黏汗不断。持久的干旱势必会带来灾害。

> 大旱山岳燋，密云复无雨。[1]
>
> 大旱之下树木枯萎，山像被烤焦了一样变成赤褐色。天空乌云密布，却不曾普降甘霖。

"山岳燋"的说法并不只限于比喻。此地有一个习俗，如遇干旱就在山上放火来惊动龙，以达到降雨目的。在题为《火》的诗里，杜甫自注云："楚俗，大旱则焚山击鼓，有合神农书。"古代农业之神神农的书籍中所记录的抗旱对策，被人们原模原样地承袭和实施。

严酷的暑热在入秋之后都没有消减。

> 大暑运金气，荆扬不知秋。[2]
>
> 已经到了心宿二移动带来秋气的季节。荆州、扬州这些楚国之地难道没有秋天吗？

---

[1]《雷》。
[2]《毒热寄简崔评事十六弟》。

漫长的夏季终于结束,然而紧接着又是秋天的霖雨,杜甫也写了不少诗表达对连绵秋雨的厌倦。复杂地形造就了不宜居住的气候。

夔州民众

夔州除了风土与中原截然不同以外,此地居民的习俗也颇为稀奇。杜甫有一首诗《最能行》,描写在激流中巧妙行舟的船夫。"最能"据说是当地的方言词汇,表示操船能手,在此诗中表示"最能干"。

> 峡中丈夫绝轻死,少在公门多在水。
> 富豪有钱驾大舸,贫穷取给行艓子。

峡谷中的男人对死毫不畏惧,他们少有在官府当差的,几乎人人都从事与水相关的工作。富豪财多驾大船,穷人划小舟打零工赚几个小钱。

> 小儿学问止《论语》,大儿结束随商旅。

> 欹帆侧柂入波涛,撇漩捎濆无险阻。

小孩子的功课只学《论语》。杜甫的本意是说当地教育落后,我们却为如此偏远的地区也有《论语》教学而感到吃惊。大孩子则整顿行囊随商人出行。因为紧邻长江航路,所以当地人很容易入行旅商。他们扛起船帆,斜扳船舵,冲进惊涛骇浪,划过急流漩涡,击退汹涌波涛,对惊险不屑一顾。与激流打交道的男人们都胆量非凡。不过从事这份工作确实是命悬一线。

> 朝发白帝暮江陵,顷来目击信有征。
> 瞿塘漫天虎须怒,归州长年行最能。

人说"早晨从白帝城出发日暮到达江陵",最近我亲眼看到才明白此言不虚。瞿塘峡的大浪直抵天际,虎须滩激流怒号。归州(湖北省秭归县。位于巫峡与西陵峡之间)的老手,最能巧妙地操船渡过这些险关。

> 此乡之人气量窄,误竞南风疏北客。
> 若道士无英俊才,何得山有屈原宅?

> 此地居民肚量狭小，他们不合情理地争相效仿南方的风气，对北方人很冷淡，不服水土的北方人总是被他们取笑。但是若说此地不出英才，那为何山中会有屈原的家宅呢？楚国的伟人屈原不就是生于斯长于斯吗？

上面这首诗描写以三峡航运为业的船夫，另有一首《负薪行》取材于当地的女人，与之对应。

> 夔州处女发半华，四十五十无夫家。
> 更遭丧乱嫁不售，一生抱恨堪咨嗟。

> 夔州的姑娘头发都已半白，却仍然没有配偶，又因战乱纷扰，迟迟不能出嫁，留下终身遗憾和不尽的叹息。

这个生产力贫瘠的地方，男人们都去了外地谋生，加上征兵，所以当地留下的只有女人了。没有配偶，在古代中国是极大的不幸。

> 土风坐男使女立，男当门户女出入。
> 十犹八九负薪归，卖薪得钱应供给。

> 当地的风俗是男人坐在家里，女人出入走动。十个女人中有

八九个都从山里背柴回家，用卖柴的钱来维持生计。留守夔州的男人不劳动，家里的劳力是女人。

至老双鬟只垂颈，野花山叶银钗并。
筋力登危集市门，死生射利兼盐井。

此地的女人在年老之前，都只是将两个环形发髻垂在脖颈，野花和山叶当作银簪来用。她们拼力登上危险的高处，聚集在市场入口叫卖柴薪。为了生计，她们甚至冒着生命危险，连从井中汲取盐水这样的副业都在所不辞。

面妆首饰杂啼痕，地褊衣寒困石根。
若道巫山女粗丑，何得此有昭君村？

女人们脸上的妆容和脖子上的首饰都沾染着泪痕。她们衣单体寒，困居在偏僻的山脚下。如果说巫山的女人都容貌丑陋，那为何这里会有王昭君的村庄？以美貌传世的王昭君不就生在这片土地吗？

这首诗记录了当地男人做家务而女人外出劳动的习俗，刻画了因为负担沉重而劬劳的女人形象。她们在清贫和艰辛中仍不忘用花叶装点头发的模样显得格外动人。

在杜甫之前，几乎没有诗人描写异地风俗。即使人们远赴僻地，他们在诗中吐露的也只是远离京城的悲哀，并不会去关注当地居民的生活。由杜甫开创的这个新题材，在随后的中唐时期得到了文人们的积极拓展。韩愈、柳宗元、刘禹锡、白居易、元稹——这些中唐文学的代表人物，都对贬谪之地的民俗风情抱有兴趣，并以好奇的目光留下详细的记录。这也是杜甫为诗歌带来的一个革新。

相比那些身为朝中高官而突然被外放的中唐文人，同为颠沛流离之身的杜甫在描写中带有一种看待普通人的温和目光，而不是充满了好奇。《最能行》《负薪行》同样以"若道……何得……"的句式结尾。诗人举出屈原与王昭君的例子。在不远的下游归州据说有屈原故居的遗迹，因此这里不仅是水手的故乡，也是诞生杰出人才的地方。王昭君是汉元帝后宫中远嫁匈奴的悲剧性美女，相传她就出生在归州附近。因此这里并非只有满身灰土的丑女，也有美人出生。诗人以屈原和王昭君这种身份高贵之人为标准，尽管并没有谈及劳动人民自身的价值，但是通过列举生于此地的历史名人，来说明此地并非只有贫困的居民，从而找出夔州的优点。

服侍生活的男仆

杜甫不但关注身边居民的生活，而且经常把自己的日常写进诗中。有几篇佳作就是用杂记风格描绘生活的片段。

在夔州生活首先需要保障用水。寓居云安时期，买水运水的工作让仆人吃了不少苦头，到了夔州之后省去了这份苦差。因为把竹筒连接起来，就可以从山里一直将水引到家中，只不过有时会中途断流。这种时候去修理水管的，是杜甫在当地雇佣的一个叫作阿段的仆人。即使是在深更半夜，阿段也不惧猛兽，径入深山，把水从源头引出。杜甫写了一首《示獠奴阿段》来称赞他的勇敢。从"獠奴"两个字推测，他应该是当地少数民族农奴吧。

士大夫的日常生活基本上依靠打杂的男女仆佣，但是这些人几乎从未出现在诗文中。因山水诗而闻名的南朝宋的谢灵运，写下大量跋涉山野的作品，其中从未提及随行者，简直就像独步山中似的。不过根据曾在山中遇到谢灵运的人说，看到他"随行者数百人"而大为惊诧，还以为遇到了山贼（《宋书·谢灵运传》）。西晋的陆机也曾写下表现旅途孤独的诗，看作品只会让人想到独身旅行，实际上他一定带领了众多的仆从随行。陶渊明在《归去来辞》中，写他回到故乡"僮仆欢迎，稚子候门"，男仆们高兴地出门迎接，年幼的孩子在门外等候。这在六朝时期实属特例。

将仆人连名带姓地写进诗中，也是杜甫为诗歌留下的划时代的创举。杜甫拓宽了诗的题材，把日常生活的细节也纳入诗中，但并非仅仅为拓展题材而特地描写仆人。杜甫将这些可能目不识丁的男仆作为同等的人来看待，并被他们诚实的劳动姿态所打动，描写他们正是出于对其劳动的感谢。

题为《课伐木》的一首诗附有长篇的序文，这在杜甫的诗中非常少见。

长夏无所为，客居课奴仆。
清晨饭其腹，持斧入白谷。
青冥曾巅后，十里斩阴木。
人肩四根已，亭午下山麓。

让隶人伯夷、辛秀、信行等进山谷去砍阴木，每人每天砍伐四棵树，因为要建造防御老虎的围墙。序文之后的长诗末尾，记叙了诗人对他们劳动的谢意。

> 尔曹轻执热，为我忍烦促。
>
> 秋光近青岑，季月当泛菊。
>
> 报之以微寒，共给酒一斛。

你们不惧暑热，忍耐着替我干完劳力费心的活儿。秋日的风光正临近青峰。九月应当在酒里漂上菊花。权当用清凉回报辛苦，我邀请大家共饮一斛酒。

在男仆之中，诗人不仅称赞信行的勤劳，而且对其品性也颇为欣赏。例如《信行远修水筒》，他也为诗人修理过供水的竹筒。

> 汝性不茹荤，清静仆夫内。
>
> 秉心识本源，于事少滞碍。

你从来不吃荤菜，是仆人当中最为洁净的男子。你心性端正，能明辨事物的根本，做事机敏利落。

> 云端水筒坼，林表山石碎。
>
> 触热藉子修，通流与厨会。
>
> 往来四十里，荒险崖谷大。

丛云涌起的深山之中，用来引水的竹筒开裂了。这是树林高处的山岩崩塌造成的。酷热之中，借助你的力量修缮完好，水流再次通向厨房。山路往来四十里，路途险峻，路边陡立的山崖延绵不断。

日曛惊未餐，貌赤愧相对。
浮瓜供老病，裂饼尝所爱。
于斯答恭谨，足以殊殿最。

日落归宅后，你还没有吃饭。得知此事，我羞愧得面红耳赤，连与你面对面都有所迟疑。浮在冷水中的菜瓜本为自己老病之躯所需，饼亦为我所爱，我将其分予你吃。用这样的方式报答你的付出，你却显得恭敬而拘谨，你的品行足以得到最优异的考评。

讵要方士符，何假将军盖。
行诸直如笔，用意崎岖外。

没有必要依赖方士的神符，据说那神符转眼之间就能让老天降雨；也没有必要借用将军的佩刀，据说那佩刀只要刺一下山土就能令泉水涌出。信行啊，你性情率直恰似毫管。你用心但是不会把心用在曲折繁复的世间之事上。

杜甫仿佛在告诉我们，充满诚意地完成自己的工作，朴素而正直的人品，这才是人的价值所在。

除了描写家仆劳动的诗作以外，杜甫还有几篇捕捉日常生活场景的作品，例如让人给儿子宗文制作养鸡的栅栏，在大热天做凉面吃等。这些诗都给人一种阅读短篇小说的感受。武田泰淳的小说《诗的风景》，就是将这一时期杜甫的几首诗混合在一起并加以扩充，以一篇作品的形式呈现出来。其中奴仆辛秀和信行也以原名出现。

《秋兴八首》

杜甫在夔州的诗歌创作，除了与生活密切相关的诗——描写夔州日常生活的杂记风格的诗、从观察者的角度记录夔州百姓生活习俗的诗——之外，也留下了将现实升华的作品。其中之一，便是作为诗人夔州时期的代表作而广为人知的《秋兴八首》。

说到"秋兴"，在中国古典文学中，人们首先想到的是西晋潘岳的《秋兴赋》。擅长抒发悲伤情感的诗人潘岳，充满哀切地写出秋季带来的意趣和在秋天里萌生的感触。后被录入《文选》的此文,是秋季主题的代表作品。

为秋天而悲伤的情感,正如小尾郊一在《中国文学中的自然与自然观——以中世文学为中心》中阐明的那样,始于《楚辞》所收宋玉的《九辩》。

悲哉!秋之为气也。萧瑟兮,草木摇落而变衰。

在此之前,《诗经》中的秋季,是令人喜悦的收获的季节,与悲伤联系不到一起。以宋玉为开端,形成了悲秋的文学谱系。杜甫的《秋兴八首》也与之连接。

这组八首七言律诗,第一首这样开头:

玉露凋伤枫树林,巫山巫峡气萧森。

玉石般的露水侵蚀枫树林的季节,巫山巫峡里充斥着秋天的肃气。

据《礼记·月令》记载,"白露降"为"孟秋",时节为七月。用"玉"字修饰"露",令其成为双音节的词汇,使露原有的圆球形状和表面的光辉变得更加鲜明。"玉"伴随坚硬的质感,而此硬质度为这首诗增添了紧张感。"玉露"虽美,却让枫林残败。毋论其他，秋天首先是一个令树木枯萎的季节。

"枫"类似于日语中的"楓（カエデ）"，是中国南方水边生长的植物，经常出现在描述长江沿岸风土的诗句中。在中原人看来，它是异乡的植物，因此与旅行相结合，带有悲伤和甘美的感情色彩。

"巫山"是沿着四川和湖北两省交界南北走向的山脉。长江正好横穿巫山而过，被巫山两岸相夹的河段即为三峡之一的巫峡。"巫山巫峡"位于夔州东侧。此一带正弥漫着清冷秋气。夔州夏季的酷暑非比寻常，诚如前述，杜甫曾留下多首表达炎热之苦的诗作。那是一种已成日常感觉的暑热，而此处关注的秋之到来，与生活中体会到的夏热秋凉竟然不同，是一种被抽象化的气息。

江间波浪兼天涌，塞上风云接地阴。

长江上浪涛奔涌直达天际，城塞边风云暗笼低垂接地。

关于夔州严峻的地形和气候，在这里似乎已经超越了具体描写，被以一种形而上的形式展示出来。大自然并不在意此地的居民，肆意地爆发出猛烈的威力。要表达这种超乎想象的威力，诗人就必须拥有与自然力相对抗的强韧意志。

> 丛菊两开他日泪，孤舟一系故园心。
>
> 一丛菊花又绽放了，曾经流过的泪水再次潸然而下。一叶孤舟系在岸边，仿佛牵系着对故乡的思念。

菊花与重阳节紧密关联。九月九日重阳节那天，全族人登上小山，将菊花浮于酒杯，祈愿祛病消灾。因为这是全族人的活动，所以在他乡迎来重阳就会产生望乡之情。诗人在此地已经是第二次看到菊花了。尽管与秋季是再次相遇，自己却仍然不能回归故土。"他日泪"即曾经流过的眼泪，今年又一次垂落，而且明年秋天或许还会再流一次。

从上游顺流而下的小舟暂时停泊在此处，同时也维系着这样的愿望：有朝一日就乘坐这叶小舟返回故乡。"系"在表示泊舟的同时，也带有维系"故园心"的含义。

一般来说，七言诗中，一句的前四字与后三字之间，其语法和内容上既有相互关联，又有一个小小的停顿。而这两句，正如"丛菊两开""他日泪"所示，前四字与后三字完全断开，后三字被硬生生地分割了出去。一句的整体含义，必须由读者来补充。这种可谓无视规范的句法，在诗人夔州时期的诗作中出现次数有所增加。南宋朱熹等人之所以对杜甫晚年的作品不予评价，大概因为这是破格的做法吧。

但是这种句式上前后断裂、内容上也无直接关联的表现手法，让在七字当中容纳丰富的含义成为可能。正如上文所述，诗句前后部分复杂而多层次地纠缠在一起。

> 寒衣处处催刀尺，白帝城高急暮砧。
>
> 各处家户都在忙于置备冬衣。在白帝城高耸的市镇，日暮时分响起匆匆的捣衣声。

敲打捣衣砧的声音，作为秋天景致的一种表达成为深受人喜爱的诗歌素材。在他乡之地，捣衣砧的声响也不绝于耳。这勾起人悲伤的声音，仿佛是在诱发杜甫心中的焦躁一般，仓促地响个不停。

诗的变化

相比诗人至今所经历过的秦州和同谷，夔州在地形以及气候方面都要更加严峻，当地人的生活状态和精神面貌也比较特殊。然而就是在这样的环境下，杜甫却不似以前那般感到烦躁。虽然世间依然没有恢复太平，自己越来越远离都城，由此而发的悲叹依旧如故，但是在这悲叹之中，似乎蕴含着看破一切的达观。《旅夜书怀》里已经显现出的这个征兆，到了夔州变得越发明确。杜甫在诗中记录当地的风俗人情，描写自己生活中的片段，都是因为他已经能够用从容的眼光看待身边的事物了。达观也罢，从容也好，都有别于松弛。"巫山巫峡气萧森"所表达的紧张气氛也充斥了杜甫内心。当诗人超越了与世界的抗争心态，一个不同于过去的诗歌世界就展现了出来。

第三节

最后的流浪

发夔州

大历三年早春,杜甫离开夔州。彼时的诗人,年届五十有七。诗人中止这段将近两年的夔州生活,究竟出于何故?或许是受人关照久而久之龃龉难免,日子过得不自在吧。

　　不爱入州府,畏人嫌我真。[1]

"州府"即夔州府衙,位于城中心。之所以不愿意去那

---

[1]《暇日小园散病,将种秋菜,督勒耕牛,兼书触目》。

里，是因为担心人们嫌弃自己的耿直——杜甫的"真"，在旁人眼里只是不能融通罢了。杜甫不过是个既无地位又无成就，不合群的自称诗人的人而已。尽管他起初被当作来自京城的诗人郑重相待，但是久而久之惹人生厌也在所难免。

> 针灸阻朋曹，糠籺对童孺。
> 一命须屈色，新知渐成故。
> 穷荒益自卑，飘泊欲谁诉。
> 尪羸愁应接，俄顷恐违迕。[1]
>
> 用针灸治病期间与朋友们变得疏远，把米糠麦麸分给孩子们。被迫卑微过一生，与才刚相遇的人们逐渐熟悉。作物歉收的年月自己变得越发卑屈，流离失所的人生无处诉说。疲惫不堪到不愿意见人的程度，因为担心轻易就产生冲突。

诗人在此吐露出与周围人产生隔阂、深感不适的心情。如果只看"新知渐成故"一句，可以理解为与刚认识的人逐渐亲密，但是如果放在整体语境中再看，含义就会改变——一开始出于稀奇而款待自己的人们，在熟悉之后态度变得粗鲁不屑。

---

[1]《雨》。

接受庇护的日子不得长久，因此流离转徙至今，在夔州的寓居也达到了极限。这样反复的搬迁，似乎已变成了杜甫的习惯。

继续流浪

杜甫离开夔州后沿长江出三峡，在大历三年二月到达荆州（湖北省荆州市），秋天抵公安（湖北省公安县），岁末从公安出发南行来到岳州（湖南省岳阳市）。大历四年（769）春，诗人继续南行进入洞庭湖；洞庭湖再往南，进入在此合流的湘江；然后上溯而行，三月行至位于湘江右岸的潭州（湖南省长沙市）；从潭州出发再前往上游的衡州（湖南省衡阳市）。诗人打算投奔在那里任刺史的故知韦之晋，到了衡州才得知韦之晋已调任潭州刺史。杜甫于是又返回潭州，不料寄予厚望的韦之晋因病去世。就这样在湘江南北奔波往来之中，杜甫的生命迫近终点。

生存的意志

杜甫有一首浪迹水边时写下的诗《江汉》。有人认为此诗创作于江陵，也有人认为此诗是杜甫从洞庭湖南下时的作品，长江与汉水两条河流表示南方一带。

> 江汉思归客，乾坤一腐儒。
> 片云天共远，永夜月同孤。
> 落日心犹壮，秋风病欲苏。
> 古来存老马，不必取长途。

沿着长江和汉水移舟而下，泛起了思乡之愁。天地之间，有一个无用的儒者。片云浮在空中，和我一样漂泊在远方。无尽的长夜里，月亮与我同为孤身只影。看到西沉的太阳，心中仍会燃起烈焰。迎着秋风，病躯也得以苏生。自古人们爱惜老马，不仅仅是因为它能够辨识遥远的路途。

最后两句使用了《韩非子·说林篇》中的典故。春秋时期齐国宰相管仲在山中迷了路，最后还是跟着他的老马找到了归途。老马不只是为此而存在，自己应当也还有被世人需要的价值。

在前半部分的四句中，诗人哀叹自己天涯沦落百无一用，当遇到"落日"和"秋风"就恢复了生气。"落日"是一天的终结，"秋风"令万物衰落。这些引发生命衰退的东西，倒让临近人生终点的杜甫燃起生存的欲望。这不禁让人想起三国时期曹操的乐府诗《龟虽寿》：

> 老骥伏枥，志在千里。
> 烈士暮年，壮心不已。

对老去的悲叹是自古以来反复传唱的主题，而中国文学不止于此。曹操和杜甫都在与迫近的衰老进行抗争，歌颂要活下去的坚强意志。生存意志像红彤彤的落日一般，令身体紧绷的冷风与红日结合，此处带有强化和突出的作用。

与都城的歌手相遇

大历五年（770）春天，杜甫在潭州遇到了昔日的著名歌手李龟年。李龟年是在玄宗皇帝治理下的唐朝全盛期在京城风靡一时的乐人。当年在长安居住的杜甫，对其表演并不陌生。李龟年这位见证王朝繁盛期的乐人，也在"安史之乱"中被迫离开都城，流落到了南方。诗人与曾经的大明星在南方的偏远之地不期而遇。不过李龟年是否认识杜甫，我们不得而知，但至少应该不会像杜甫对他那样熟悉。诗人在《江南逢李龟年》一首中这样描绘两人的再会。

> 岐王宅里寻常见，崔九堂前几度闻。
> 正是江南好风景，落花时节又逢君。

岐王据说是玄宗的弟弟李范，也有一说是其子李珍。在皇族府邸举办的歌舞聚会上，诗人多次看过李龟年的表演。那曾是颇为日常的普通活动。这位名叫崔久的人应该也非显即贵，在他的宅第杜甫也数次听过李龟年的歌声。歌手被喝彩包围，杜甫听歌听得入神，人们沉醉于那个时代的繁荣与太平。

如今正是江南春景如画的时候。在这落花纷纷的时节，二人再次相遇。这美景仿佛是在祝福二人的重逢一般。

这首诗没有提到今昔的世事变迁、两人境遇的变化。前两句所包含的都城的繁华，后两句所描述的江南晚春的风景，都美不胜收。全诗内容仅此而已。

在意想不到的地方遇到都城艺人这种稀罕事，以前在夔州也有过一次。大历二年（767）十月九日，在名叫元持的夔州官员的宅邸，诗人看到舞女李十二娘表演名为"剑器"的舞蹈。杜甫心有所思，询问舞女的师父为何人，舞女回答是公孙大娘。杜甫在四岁（或六岁）时曾观看过公孙大娘的舞蹈，此刻因为看到李十二娘的舞蹈，想起公孙大娘的舞姿，感到两者的相似，所以询问其为何人之徒。公孙大娘是当时举世无双的舞蹈家。《观公孙大娘弟子舞剑器行》诗的序中详细记录了此事，其中还说道：

> 况余白首，今兹弟子，亦匪盛颜，既辨其由来，知波澜二莫。抚事感慨，聊为《剑器行》。
>
> > 我到了白头的岁数，李十二娘也容色见衰。得知李十二娘师从公孙大娘，就明白了为何两者舞蹈手势如出一辙。此时百感交集、心潮澎湃，遂作《剑器行》一首。

《观公孙大娘弟子舞剑器行》是将沦落至此的李十二娘和杜甫两人的现状与"开元盛世"之时的境况进行对比并抒发感慨之作。

通过杜甫的诗，我们也得知李十二娘和李龟年这些昔日的当红明星，因为"安史之乱"而离开京城转徙各地的事实。白居易在《琵琶行》中写到的浔阳女子也曾是都城的乐人。如果从别的角度来看，这反映了都城文化流入地方并广泛传播开来的现象。唐朝末期，都城士人为了避难而分赴全国各地，这也导致文化向周边扩散。

剑器的歌行中所袒露的因境遇变化而产生的心情，在《江南逢李龟年》中并没有表明。正因如此，此诗获得了另一番效果。即回味逝去的繁华时光和哀叹个人与世间的衰颓等情感都已经退后，诗人将原本形成对比的两个时期作为同等的对象来把握。落花狼藉的江南晚春，景色是如此美丽。置身其中的我们、人生之花凋谢时的我们，已与这美景融为一体。已是老残之身的杜甫，在这南方的僻远之地，完完全全地接受了当下的现实。他把自己并入江南的春景之中，并静静地审视。

绝句的四句之中，前两句写过去，后两句写现在，全诗结构如此清晰，但不知为何"江南好风景"所描述的现在却缺乏现实感。活生生的现实渐渐远去变得模糊不清，仿佛是梦中的情景，而且给人一种感觉：似乎与现实关联的各种事物都已被简化和抽象成一片风景，被人从一定距离之外眺望。曾经一直与世界对峙的杜甫，终于达到了超越对抗的境界了吗？

死于舟中

关于杜甫的死因，有一个广为人知的说法，即诗人吃了过多的牛肉。传说李白想要掬起月亮的倒影而落水溺亡，这两个象征他们各自人生的传说形成鲜明对比并流传后世：一位毕生倾心于月光，一位常年食不果腹。杜甫诗中关于食物的描写确实不少，但是因为偶然得到的牛肉而丢掉性命，实在有失体面。

据晚唐的郑处诲《明皇杂录补遗》中关于此传说的记载，耒阳县（湖南省耒阳市）的县令聂某厌恶杜甫，而当杜甫以诗相赠，他便给杜甫送去牛肉和白酒作为回赠。杜甫饮酒食肉过量，当晚就过世了。杜甫的诗集中有对"聂耒阳"赠送"酒肉"表示感谢的诗作，或许这段传说就是由此衍生而来的吧。

如果这原本就是个无关事实的话题，那么我想添加一些自己的解释。据《旧唐书·杜甫传》，杜甫的暴毙并非由暴饮暴食导致，其死似乎可以从其他方面解释。

> 永泰二年，啖牛肉白酒，一夕而卒于耒阳。时年五十九。

"白酒"想必是下等的浊酒。从后来中国人的生活状况来推测，相比鸡肉和猪肉，"牛肉"属于次等的肉食，也就是说并非一般的美味。但在仅以米糠麦麸糊口的状况下，这无疑是豪华的盛宴。觉察到大限将至的杜甫，在与今生作别之际享用了这些食物，然后迎来了死亡——对《旧唐书》里语气平淡的叙述进行如此解读也并非不合理。

且说李白的"月光之死"与杜甫的"牛肉之死"虽然形成对比，但是也有共通的地方，即两人都在水上去世。说到底人们不都希望在大地上迎来死亡吗？而他们在水上结束生命的传说，向人们讲述了他们人生的不如意。当然，李白捕捉到了月亮的美，杜甫满足了口腹之欲。两人都是获得了所欲之物而后死的。

大历五年冬天，杜甫在漂浮于湘江之上的小舟中去世，终于从苦难生涯中得到了解脱。

终章 评价的变迁与文学特色

第一节

评价的历史

生前无名

与杜甫同时代的大多数人,都应该没有听过他的名字。尽管他与王维、李白、高适等当时的著名文人有过一些交集,但是时间很短,也没有从属于某个文人集团;作为官员也没有出任足以留名史书的要职。这一时期有几部唐人编纂的总集。殷璠的《河岳英灵集》中收录了李白、王维、高适、岑参、王昌龄等三十五位盛唐代表诗人的诗作共一百七十首,而杜甫的诗一首都没有。天宝初年芮挺章编纂的《国秀集》,高仲武编纂的收录肃宗、代宗时代二十六位诗人的《中兴间气集》里,都不见杜甫的名字。诚然,这些唐人挑选同一时代的诗歌作品编纂成集,即所谓的"唐人选唐诗",不同于后世的唐诗选集,并非从整体范围中挑选佳作,时期与地区都有所限定,所以并不能因此而断定杜甫没有名气。但是就连编有《箧中集》的元结,尽管与杜甫关系亲密,该书收入的七人中也不包含杜甫。

我们知道有不少文学家在世时默默无闻,而死后得到高度评价。司汤达生前小说根本卖不出去的例子广为人知;卡夫卡之所以成为大作家,还是他嘱咐朋友烧掉的遗稿被朋友拿去出版的结果。先行于时代的作者,很难被同时代人所接受和认可。他们的作品无法纳入既有的文学形式,要获得恰当的理解还需要一些时间。普鲁斯特曾说过:"天才的作品之所以很少立刻就获得赞扬,是因为作者才华非凡,与其相似的人几乎不存在。"

与此相反,也有作者生前大红大紫而死后迅速被遗忘的情形。再次摘借普鲁斯特的话:"最快被发现的美,也会最快被厌倦。"也有作者在某个时代突然备受瞩目,久而久之销声匿迹。在这种文学的消长变化中,杜甫一经世人知晓便诗名显赫、历久不衰,必然有其一定的原因。

作品的流传

为了让后世阅读，最重要的是作品必须保存下来。今天，我们可以看到一千四百五十多首杜甫的诗作，这个数字仅次于唐代作品数量最多的白居易的两千七百余首，超过第三位李白的一千余首。白居易的诗在他年轻时就得到空前绝后的流行，而且他本人也数次整理自己的文集，因此大量作品得以留存。那么杜甫的作品，是如何流传下来的呢？

杜甫早期的文集有一部《杜工部小集》，由比杜甫晚一代的樊晃选编。今天我们只能看到樊晃的"序"，其中写到曾听说杜甫有"文集六十卷"流传于江南，自己正在整理手头的"六卷二百九十篇"，因为近来打听到杜甫儿子宗文、宗武的住所，所以想从他们那里得到文集以便增补。这里所说的"六十卷"，即使卷数不尽相同，作品数量也是现存宋本二十卷的三倍。书籍目录《新唐书·艺文志》收录的并非实际确认过的书目，而是全部有记载可见的书目，其中六十卷的唐人文集并不算多。应当说杜甫的作品在比我们想象中更早的时期，就以相当数量的规模被整理出来了。

杜甫的作品保存在他孩子的手里，这意味着他在流浪生活中，一直在记录并积累自己的作品。诗人对于自己的作品怀有强烈的执念，他若没有把诗看作与人生具有同等价值或比人生更为重要的东西，就不会在苦难不断的旅途中坚持创作了。事实上，在他的作品中，我们可以看到一种人生俨然就是诗歌素材的态度。

除了作者本人重视保存自身作品这一前提条件之外，还需要作品在较早时期就获得评价，后来也一直被阅读传诵，不具备这些条件作品就会消亡。完整的作品被保留至今这件事本身，就说明杜甫的诗得到了历代的高度评价。

评价的开端

对杜甫明确地做出极高评价，始于较杜甫晚一代的中唐时期代表文人。然而下面的一段掌故，则显示出在那之前杜甫的作品似乎就广为人知。

杜甫去世三十多年后，有一段时期朝中由王叔文、王伾二人掌权。他们推行行政改革，由于过于激进不久就失败了，就在其权势显露出减弱迹象时，广陵王（后来的唐宪宗）被立为太子，而这与王叔文的意愿相违。对此王叔文并没有提出异议，只是吟诵出杜甫描写诸葛孔明的诗《蜀相》中的句子："出师未捷身先死，长使英雄泪满襟"，并潸然泪下。闻此"人皆窃笑之"，嘲笑王叔文把自己比作时运不济的英雄。王叔文原本凭借棋艺攀附德宗并获得要职，仕途出身颇为可疑，虽然能言善辩，但其学识也就是勉强能读书的程度罢了（《旧唐书·王叔文传》）。连不学无术的王叔文都能随口诵出《蜀相》中的诗句，可见杜甫的部分作品已经得到充分的流行和传播。

中唐的评价

通过王叔文的逸事，我们可以推测杜甫的诗作在较早时期就被广为传诵，然而明确地以言辞誉美杜甫，则始于中唐杰出的文学家们。与白居易并称"元白"的元稹，曾受杜甫之孙杜嗣业所托，为杜甫撰写了墓志铭。这篇题为《唐故工部员外郎杜君墓系铭》的文章，作于宪宗元和八年（813）。元稹在对诗的历史做了详尽的论述之后，赞扬杜甫诗中包含了过去的诗歌所有的要素，有大有小，兼容质朴与华美等相反性质，并得出"诗人以来，未有如子美者"的结论，说杜甫的诗可与文学经典《诗经》相比肩，这在中国诗歌史中是至高无上的誉美之词。

元稹在写给白居易的信中（《叙诗寄乐天书》）回顾了自身的文学阅历，并提到年轻时曾惊叹于杜甫诗的气象宏大，让自己之前喜爱的诗文都显得狭隘渺小。视文学的容量大小为价值所在，乃元稹本人的文学观。他曾称赞终生知己白居易，说文人各有所长，而白居易无所不长（《白氏长庆集序》）。

白居易对杜甫的讽喻文学予以高度评价。他在写给元稹的长篇文学论《与元九书》中指出，只有杜甫继承了《诗经》传统，发扬了社会批判精神。这也是对自身讽喻文学的一种标榜。

韩愈虽然频频提及杜甫，但他看重杜诗的哪一方面，我们却难以断言。从有关诗句，例如"勃兴得李杜，万类困陵暴"（《荐士》）、"心夺造化回阳春"（《题杜工部坟》）来看，似乎他着眼于杜甫诗取代造物主创造世界的特点。

我们可以注意到元稹、白居易、韩愈三人对杜甫的评价，分别强调了杜甫的不同方面。他们在杜甫诗中找到合于自己志向的文学方向，并从中构筑了自己的文学，恰似杜甫这块硕大的宝石碎裂为色彩不同的三块又各自发出光辉一般。

杜甫文学所包含的要素当然不止如此，还被从其他方面挖掘，并在后世的文学中得到展开。杜甫诗内部尚处于萌芽状态的东西，不曾被杜甫同时代人发觉，而被后一代人确切把握并流传开来。普鲁斯特借用贝多芬的音乐对这个过程做了这样的解释："贝多芬的四重奏曲乐曲自身，在五十年的岁月里造就了也扩大了四重奏曲的听众……至少让接受该乐曲的听众水准得到了提高。那些听众在杰作问世当初并不存在，而在今天则由对其有充分理解的人们构成。"这些话既适用于杜甫文学被接受的过程，也适用于文学自身内容扩大的过程。

评价的确立

杜甫稳固地位的确立，得益于北宋具代表性的文学家王安石、苏轼、黄庭坚。尤其是在北宋文学中具有绝对存在感的苏轼，他使杜甫的诗歌得到进一步传播，评价也得到了提高。"苏门四学士"之一即苏轼的高足黄庭坚，被奉为风靡南宋的"江西诗派"的领袖，而江西诗派的终极典范就是杜甫。然而他们作为创作者主要关注的是诗的技巧，对杜甫的精神未必抱有强烈兴趣。南宋诗人基本都受到江西诗派的影响，而摆脱此影响并开创自身文学风格的陆游，其忧国忧民、刚毅不屈的精神，却与杜甫一脉相承。南宋末年一直坚持抗元，最终被杀害的文天祥是杜甫的信奉者。他们从杜甫那里所接受的，相比卓越的修辞，更多的是杜甫个人及其文学精神。

杜甫除了受到卓越文人的尊崇之外，在普通读书人阶层中的地位也深入人心，加上道学的兴盛，读书人赞扬杜甫体现了儒家规范的一面。杜甫最终获得了"诗圣"的称号。"诗圣"意指至高的诗人，同时也伴随着对人格的赞美。

中华人民共和国成立之后，杜甫被称为"人民诗人"，其评价没有受到丝毫动摇。

随时代而变化

杜甫文学中的哪些方面得到高度评价，会因时代变迁而不同。我们可以认为，杜甫的文学原本就包含多样的要素，各个时代都可以从中汲取自己所需的养分。既然如此，是否可以这样认为：杜甫文学的精彩是有目共睹的，然而要具体阐明好在何处、如何好却并非易事，于是暂且借用各个时代都难以否定的标准予以评价。总之,感受和判断一部优秀的文学作品,与分解和阐释其优秀的原因是两回事。

第二节

杜甫的文学

人与世界

如果说对杜甫诗作的赞美因时代而异，那么在当下，杜甫文学的意义又在何处呢？我感兴趣的是杜甫与世界相对峙，并用语言将其表达出来的过程和方法。中国的古典文学往往太过厚重，又安于稳固的世界观之内。在世间安宁的幻想无处不在的时代，那种姿态通用无滞；但在当下这个古典传统瓦解和不确定的时代，就难以原封不动地接受。

对于杜甫来说，其理念中的世界与现实中的人世，两者之间相差过于悬殊，他的焦虑也源于此处。本应成为世界之一分子的人，设法与理念中的世界保持一致，这正是杜甫文学的原点。

冥搜

杜甫与世界的关联，涉及人类所不能直接触及的领域。"冥搜"——探寻黑暗中的、人类认知不可及的领域——便是文学，杜甫难道不是这么认为吗？"冥搜"一词时常出现在杜甫的作品中。例如他在为韦姓人士赴防务之职而送行的诗中这样写道：

> 论兵远壑净，亦可纵冥搜。
> 题诗得秀句，札翰时相投。[1]

> 韦某作为武官去赴任，到了任上将远方谷地平定之后，就可以尽情探寻幽邃之地了。如果作了好诗，请用书简时不时发给我。

"冥搜"表示探索不为人知的僻地，同时也含有探求未知领域的意思。

另有赠给郑某人的诗如下：

---

[1]《送韦十六评事充同谷郡防御判官》。

> 思飘云物外，律中鬼神惊。
> 毫发无遗憾，波澜独老成。[1]

> 运用想象力构思超越物象的世界，韵律工整的诗连鬼神都会惊动。诗成后心中不留丝毫的遗憾，诗如波澜起伏又独达老成之境。

表面上看这是赞扬郑某的诗，而实际上无疑是在表述自己的诗歌观。杜甫所追求的，是在超越目力所及的世界中自由驰骋的诗。

"鬼神"一词在《毛诗大序》阐述诗歌功用的句子"动天地感鬼神"中出现，而且众所周知，此句被引用在《古今和歌集真名序》中，杜甫也频频使用。

> 笔落惊风雨，诗成泣鬼神。[2]

这句不是对别人，正是对李白的赞美之词。探求超越现实的世界，与包括人类未知领域的世界相对抗，这就是杜甫。

---

[1]《敬赠郑谏议十韵》。
[2]《寄李十二白二十韵》。

诗人的转变

杜甫与世界的关系因时期不同而变化。年轻时的杜甫对世界抱有不可动摇的信任,在反复体会挫折的滋味之后,自我与世界之间产生了裂隙。为了使之弥合,杜甫进行了抗争。晚年的杜甫几乎抵达了一种超越抗争的诗歌境界。这些转变,不正是杜甫诗歌的魅力吗?杜甫既为流动的主体,那么顺应时代需求的接受在今后也会持续下去。

附录

杜甫年谱

睿宗景云三年（712）	一岁	正月元日生于巩县。
玄宗开元五年（717）	六岁	观看公孙大娘剑舞。
开元六年（718）	七岁	作诗。
开元十九年（731）	二十岁	旅行吴越等地。
开元二十三年（735）	二十四岁	返回洛阳。应考进士科，落第。
开元二十四年（736）	二十五岁	旅行齐赵之地。
开元二十九年（741）	三十岁	回到洛阳。娶妻。
天宝三载（744）	三十三岁	在洛阳与李白相识，同游吴越。
天宝四载（745）	三十四岁	与李白同游齐鲁。
天宝五载（746）	三十五岁	返回洛阳。
天宝十载（751）	四十岁	拜谒玄宗并献"三大礼赋"。
天宝十三载（754）	四十三岁	将妻子转送到奉先县。
天宝十四载（755）	四十四岁	被任命为右卫率府参军事。十一月赴奉先县。安禄山起兵，十二月洛阳失守。
肃宗至德元载（756）	四十五岁	六月潼关失守，把家人转移至鄜州羌村。玄宗逃亡蜀地。七月肃宗于灵武即位。欲赴行宫被安禄山军俘获，软禁于长安城内。
至德二载（757）	四十六岁	四月逃出长安急赴凤翔行宫，后官任左拾遗。九月唐军收复长安，十月收复洛阳。肃宗回驾长安。携家人返回长安。

乾元元年（758）	四十七岁	六月房琯左迁，同被左迁至华州司功参军。
乾元二年（759）	四十八岁	七月辞官，前往秦州。十月赴同谷，十二月赴成都。
上元元年（760）	四十九岁	于成都郊外建造浣花草堂。
上元二年（761）	五十岁	十二月严武赴任西川节度使成都尹。
代宗宝应元年（762）	五十一岁	七月为严武被召返京送行，至绵州，并滞留梓州。
广德元年（763）	五十二岁	秋赴阆州。
广德二年（764）	五十三岁	六月再度出任严武幕下节度参谋检校工部员外郎。
永泰元年（765）	五十四岁	四月严武卒。五月离开成都，经渝州、忠县至云安。
大历元年（766）	五十五岁	迁居夔州。
大历二年（767）	五十六岁	三月移至夔州瀼西。秋再移至东屯务农。
大历三年（768）	五十七岁	正月离开夔州。经江陵、公安至岳州。
大历四年（769）	五十八岁	正月进入洞庭湖，上溯湘江，三月至潭州。
大历五年（770）	五十九岁	三月于潭州重逢李龟年。冬，至耒阳而卒。

后记

从中学时代起，我就反复阅读了吉川幸次郎先生的《新唐诗选》《杜甫笔记》等书，在进入大学的同时，参加了先生的"小读杜会"。与群英荟萃的"读杜会"不同，这是一个帮助御牧克己等本科生研读杜诗而组织的读书会。在这个读书会上，我陶醉于从杜甫的一词一句中源源不断地提炼出语言的解读方法，体会到了文学的趣味。那是一种与对诗的固有印象完全不同的新鲜的文学。当时的自己，相比杜诗的内容，更为吉川先生阐明的杜诗表达之精妙所吸引。随着自己人生阅历的增加，我渐渐能够切身感受到杜甫对于普通人的温和目光、对于不尽如人意的人生的叹息等方面的内容。但是关于晚年杜甫达到的新的诗歌境界，在本书中仅仅做了提示，还没有充分把握到实际感受。在撰写这本书的过程中，我越发掘杜甫，就越感其深奥，感其遥遥不可触及。这同时令我期待杜甫今后会为我展示出的其他方面的内容。

原本应由筑摩书房出版的吉川先生的《杜甫诗注》进程一度中断，兴膳宏先生接过后续工作，据说从今年秋天开始将由岩波书店重新出版。兴膳先生的《杜甫——超越忧愁的诗人》（岩波书店，2009）是最近出版的一部好书，该书在详细阐释杜诗的同时，描绘出杜甫的整体形象。对于其中选用过的诗作是否要在本书中再次引用的问题，我曾颇感踌躇，然而为了证明杜甫存在多种理解的可能性，我选择了放下顾虑。我期待着读者能将该书与本书一起比较阅读。

本书的出版，和以往一样，得到了京都大学的宇佐美文理教授的帮助。继《白乐天——官与隐之间》之后，在本书从企划到校正的各个阶段，我再次得到岩波新书编辑部平田贤一的帮助，谨向二位致以谢意。

川合康三

2012年8月于台湾大学研究室